申京淑 박사의

쇼핑중국어

购 物 中 国 语

申京淑 박사의

쇼핑중국어
购 物 中 国 语

초판 1쇄 발행 2020년 5월 11일

지은이 신경숙
펴낸이 이진옥
표지 및 본문 디자인 이세은

펴낸곳 도서출판 삼인행
주 소 서울시 영등포구 경인로82길 3-4 센터플러스 616호
전 화 02-2164-3014
팩 스 02-2164-3020
등 록 2017년 4월 1일 제2017-000049호
홈페이지 www.saminhaeng.com

ISBN 979-11-90370-02-8 (13720)
정 가 15,000원

© 신경숙, 2020

도서출판 삼인행 블로그 http://blog.naver.com/saminhaeng2017
이 책에 대한 의견이나 잘못된 점을 도서출판 삼인행의 홈페이지와 블로그로 알려
주시면 도서 제작에 적극 반영하도록 하겠습니다.
책으로 펴내고 싶은 원고를 〈홈페이지 원고 투고란〉으로 보내 주세요.
도서출판 삼인행은 독자와 저자와 출판사가 함께 만들어 가는 광장이 되겠습니다.

申京淑 박사의

쇼핑중국어
购物中国语

신경숙 지음

前言

★ ★

　　中韩两国文化渊源深厚，友好交往的历史源远流长。自1992年建交以来，两国各方面关系均获得长足发展。两国之间的企业互派、人员互访、以及留学生的人数都大幅增加。然而语言的障碍却让这些往来于两国间的各类人员感到诸多不便，特别是短期居留者，往往在购物、医疗等日常生活中遇到很多烦恼。

　　申京淑中文学院院长申京淑博士从事汉语教育事业已有三十多年，她在教学过程中发现目前韩国国内的汉语教材多为普及型，而针对某一行业或领域的专门性教材，特别是日常生活中的实用型汉语口语教材还比较缺乏。为此，申京淑博士主持编写了《购物汉语》一书，希望能为外派到中国的工作人员的汉语学习提供帮助，也能为刚刚到中国的韩国留学生们在生活中提供便利；在商场、免税店等场所接待中国游客的工作人员也可以通过学习这本书获得很大进步。

　　本教材的适用者为具有初中级会话能力的学员，在编写上以实用性和知识性相结合，选取了购物过程中的十四个场景的对话，使学员掌握在购物中的常用语法外，还能学会大量日常实用词汇，并提高会话水平，以便在未来的工作和生活中获得更多便利。

　　每课的课程安排分为三部分，第一部分是相关词汇，第二部分是场景对话，第三部分是课后练习，并配有阅读材料，供学有余力的学员自学。这样的安排能使学员最快地获得必要的会话能力。

　　本书的编写得到了李华老师、柴梅老师、吴梦楠老师、崔温柔老师的大力协助，在此一并致谢！

머리말

★ ★ ★

한국과 중국 두 나라는 문화적으로 뿌리가 깊고, 우호교류의 역사는 유구합니다. 1992년 한중수교 이후, 한중양국은 인문교류의 분야에서 모두 장족의 발전을 이루었습니다. 한중양국간 기업파견, 사람들의 상호 방문, 가족동행, 유학생 수가 크게 늘었습니다. 그러나 언어의 장벽은 한중양국을 오가는 많은사람들을 불편하게하고 특히, 장기체류하는 주재상사가족, 유학생가족과 단기체류하는 사람들이 자주하는 쇼핑에 있어서 언어의 소통이 원활하게 이루어지지않아서 사이즈선택부터 환불에 이르기까지 등 많은 애로사항을 접하게 됩니다.

중국교사출신 신경숙중국어학원 설립원장이자 이 책의 저자, 신경숙 박사는 30여년 간의 중국어 교육과정에서 현재 한국내의 중국어 교재들이 대부분 일반 보급형이어서 전문적인 업종과 관련된 즉 전문성을 지닌 교재가 많이 부족하다는 것을 알게되었습니다. 특히, 쇼핑분야의경우, 한중양국의 국민들이 백화점과 면세점, 그리고 재래 시장에서의 쇼핑을 할경우 점원과 소통이 제대로 이루어 지지않아서 많은 사람들이 답답해하는 고충을 들었습니다.

이로 인해 신경숙 박사가 '쇼핑중국어' 책을 집필하게 되었고 이에 한중양국에서 쇼핑을 하는 많은사람들에게 중국어로 본인이 희망하는 내용들을 정확히 점원에게 전달하여 반품 또는 환불을 하지않도록 현지거주하는 주재상사원가족, 기업인가족, 유학생등에게 쉽게 중국어를 학습하는데 있어서 도움을 주고저 합니다.

쇼핑중국어 교재의 학습자는 초중급 회화능력을 갖춘 수강생으로, 신경숙 박사는 교재 집필에 있어 실용성과 지식을 결합해 쇼핑에서 결재에 이르기까지 14가지 장면의 대화를 선택하였으며 수강생이 쇼핑에서 상용어법을 쉽게 장악하는것외 결재방법, 실용어휘습득, 회화수준을 높여 쇼핑의 만족도는 물론 미래의 일과 생활에서 더 많은 편의를 얻을수있도록 노력하였습니다.

이 책의 내용은 크게 세 부분으로 나누어지는데 첫번째 부분은 관련 어휘, 두번째 부분은 상황대화, 세번째 부분은 단원 연습과 독해자료로 구성되어 있어 수강생들이 독학할 수 있도록 했습니다. 이러한 안배는 학습자가 필요한 회화 능력을 최대한 빨리 얻을 수 있도록 하는데 목적을 두었습니다.

마지막으로 이 책이 출판되기까지 물심양면으로 도와주신 리화 선생님, 차이메이선생님, 우멍난선생님, 최온유선생님을 비롯한 삼인행 최영무 대표님과 이세은 과장님과 관계자 여러분께 머리숙여 감사의 말씀을 드립니다!

目录 목차
★ ★ ★ ★

申京淑 박사의

쇼핑중국어
购物中国语

신경숙 지음

购物汉语教材

希真和民浩是一对年轻夫妇,民浩被公司派遣到中国工作,希真和丈夫一起来到中国,他们将在中国开始新的生活。

희진과 민호는 젊은 부부이다. 회사에서 민호를 중국으로 파견해 희진은 남편과 함께 중국으로 와서 새로운 삶을 시작한다.

第一章 제1장 买衣服
옷 구매하기

两人带的衣服不多,所以到商场买一些衣服。

두 사람이 가지고 있는 옷이 많지 않아서 상점에 가서 옷을 좀 샀다.

生词

女装 nǚ zhuāng		[명사]여성복. 여성 의류.
上衣 shàng yī		[명사]상의. 윗도리.
裙子 qún zi		[명사]치마. 스커트.
新款 xīn kuǎn		[명사]새로운 스타일. 새로운 디자인.

春秋套装 chūn qiū tào zhuāng	봄가을 슈트.
休闲装 xiū xián zhuāng	[명사]평상복. 캐주얼.
毛衫 máo shān	[명사]스웨터
适合 shì hé	[동사]적합하다. 알맞다. 어울리다.
样式 yàng shì	[명사]모양. 스타일.
受约束 shòu yuē shù	제약받다. 구속받다.
单品 dān pǐn	단품 코디네이트.
随意 suí yì	[부사] (자기) 마음대로. 뜻대로. [동사] (자기) 생각대로 하다.
搭配 dā pèi	[동사]배열하다. 배치하다. [형용사] 어울리다.
短款 duǎn kuǎn	짧은 스타일.
卫衣 wèi yī	맨투맨.
新潮 xīn cháo	[명사, 형용사]최신 유행(의).
眼力 yǎn lì	[명사]안목. 안식. 눈썰미.
受欢迎 shòu huān yíng	환영을 받다. 인기가 있다.
中号 zhōng hào	[형용사] 중간 사이즈의. 미디엄 사이즈의.
应该 yīng gāi	[동사]…해야 한다. …하는 것이 마땅하다.
试衣间 shì yī jiān	탈의실.
高领 gāo lǐng	[명사]높은 옷깃. 하이칼라.
低领 dī lǐng	로우넥.
长短 cháng duǎn	[명사]길이. 치수.
肥瘦 féi shòu	(옷이나 신발의)크기. 살찌거나 여윈 정도.
正规 zhèng guī	[형용사]정규의. 표준의.
品牌 pǐn pái	[명사]상표. 브랜드.
保暖 bǎo nuǎn	[동사] 보온하다.

舒适 shū shì		[형용사]기분이 좋다. 쾌적하다. 편하다.
浅 qiǎn		[형용사](색이) 연하다.
显胖 xiǎn pàng		뚱뚱해 보이다. 살쪄 보이다.
色彩 sè cǎi		[명사]색채. 빛깔. 색상.
柔和 róu hé		[형용사] (빛과 색이) 부드럽다.
比较 bǐ jiào		[동사]비교하다.
推荐 tuī jiàn		[동사]추천하다.
觉得 jué de		[동사]…라고 느끼다. …라고 여기다 [생각하다] .
合身 hé shēn		[형용사] (의복이) 몸에 맞다.
效果 xiào guǒ		[명사]효과.
款式 kuǎn shì		[명사]스타일. 타입.
面料 miàn liào		[명사]옷감.
高雅 gāo yǎ		[형용사]고아하다. 고상하고 우아하다.
大方 dà fang		[형용사] (스타일·색깔 따위가) 고상하다. 우아하다.
时尚 shí shàng		[명사] (당시의) 풍조. 유행.
气质 qì zhì		[명사] 성격. 기질.

对话

售货员：你们好!欢迎光临女装商场！不知道您喜欢什么样的衣服？

　　　　Nǐ men hǎo! huān yíng guāng lín nǚ zhuāng shāng chǎng ！ Bù zhī dào nín xǐ huan shén me yàng de yī fu ？

　　　　안녕하세요! 여성복 매장에 오신 것을 환영합니다! 어떤 옷을 좋아하세요?

希 真 : 我想买件上衣，再看看裙子。

Wǒ xiǎng mǎi jiàn shàng yī， zài kàn kan qún zi。

저는 상의를 사고 싶고, 치마도 좀 보려고 해요.

售货员 : 我们这里都有。有新款春秋套装，也有休闲装，还有各类毛衫。裙子的样式就更多了。

Wǒ men zhè lǐ dōu yǒu。 Yǒu xīn kuǎn chūn qiū tào zhuāng， yě yǒu xiū xián zhuāng， hái yǒu gè lèi máo shān。 Qún zi de yàng shì jiù gèng duō le。

저희 매장에는 다 있어요. 신상 봄가을 슈트도 있고, 캐주얼한 옷도 있고, 여러 가지 종류의 스웨터도 있어요. 치마 스타일도 더 많아졌어요.

民 浩 : 套装是不是太受约束了。反正你现在也不用上班，可以穿得休闲一些。

Tào zhuāng shì bu shì tài shòu yuē shù le。 Fǎn zhèng nǐ xiàn zài yě bú yòng shàng bān， kě yǐ chuān de xiū xián yì xiē。

슈트에 너무 구속받는 거 아니야. 어차피 지금 출근하지 않아도 되니 좀 캐주얼하게 입어.

希 真 : 是呀，我更喜欢买上几件单品，随意搭配着穿。

Shì ya， wǒ gèng xǐ huan mǎi shàng jǐ jiàn dān pǐn， suí yì dā pèi zhe chuān。

맞아, 나는 몇 벌 단품을 사서 편하게 입을 수 있는 게 더 좋아.

售货员 : 这件短款的上衣怎么样？或者那边那件卫衣也挺新潮的。

Zhè jiàn duǎn kuǎn de shàng yī zěn me yàng？ huò zhě nà bian nà jiàn wèi yī yě tǐng xīn cháo de。

이 짧은 스타일의 상의는 어떠세요? 아니면 저기에 있는 맨투도 최신 유행이에요.

希 真 : 可是，我都不太喜欢。要不我试试那个模特身上的毛衫？看起来很漂亮，但不知道适合不适合我。

Kě shì， wǒ dōu bú tài xǐ huan。 Yào bu wǒ shì shi nà gè mó tè shēn shàng de máo shān？ kàn qǐ lai hěn piào liang， dàn bù zhī dào shì hé bú shì hé wǒ。

하지만 전 다 별로 좋아하지 않아요. 아니면 제가 그 모델의 몸에 있는 스웨터를 입어 볼까요? 예뻐 보이는데 저한테 어울릴지 모르겠어요.

售货员：对，您挺有眼力的，那个是今年的新款，很受欢迎的。

Duì， nín tǐng yǒu yǎn lì de， nà gè shì jīn nián de xīn kuǎn， hěn shòu huān yíng de。

네, 매우 안목이 있으시네요. 그건 올해 신상이고, 아주 인기가 많아요.

民　浩：那就先拿一件白色的试试？你看呢？

Nà jiù xiān ná yí jiàn bái sè de shì shi？ nǐ kàn ne？

그럼 일단 흰색으로 가져와서 입어볼래? 당신이 보기에는 어때?

希　真：行，先穿上试试再说。

Xíng， xiān chuān shàng shì shi zài shuō。

좋아, 일단 입어보고 보자.

售货员：看您的身材，穿中号的应该就可以。稍等，我这就给您拿，试衣间就在那边。对了，您喜欢穿高领的还是低领的？

Kàn nín de shēn cái， chuān zhōng hào de yīng gāi jiù kě yǐ。 Shāo děng， wǒ zhè jiù gěi nín ná， shì yī jiān jiù zài nà bian。 Duì le， nín xǐ huan chuān gāo lǐng de hái shì dī lǐng de？

체격을 보면 미디엄 사이즈를 입으시면 될 것 같아요. 잠시만 기다리세요. 제가 가져다 드리겠습니다. 탈의실은 바로 저쪽입니다. 참, 하이칼라 입는 것을 좋아하시나요 아니면 로우넥을 입는 것을 좋아하시나요?

希　真：高领的吧。（试过以后），民浩，你看怎么样？

Gāo lǐng de ba。 （shì guò yǐ hòu）， Mín Hào， nǐ kàn zěn me yàng？

하이칼라요. (입고나서) 민호씨 당신이 보기에는 어때?

民　浩 : 嗯, 还不错。就是不知道质量怎么样。

　　　En , hái bú cuò 。 Jiù shì bù zhī dào zhì liàng zěn me yàng 。

　　　응, 괜찮아. 품질이 어떤지 잘 모르겠어.

售货员 : 先生请放心, 我们的服装都是正规厂家生产的品牌服装, 穿上保暖性好, 也很舒适, 质量上没问题的。

　　　Xiān sheng qǐng fàng xīn , wǒ men de fú zhuāng dōu shì zhèng guī chǎng jiā shēng chǎn de pǐn pái fú zhuāng , chuān shàng bǎo nuǎn xìng hǎo , yě hěn shū shì , zhì liàng shàng méi wèn tí de 。

　　　걱정하지 마세요. 저희 의류는 모두 정규업체에서 생산한 브랜드 의류로 보온성이 좋고, 편안해서 품질에 문제가 없습니다.

希　真 : 我觉得是不是颜色太浅了? 看起来有点显胖吧。

　　　Wǒ jué de shì bu shì yán sè tài qiǎn le ? kàn qǐ lái yǒu diǎn xiǎn pàng ba 。

　　　색깔이 너무 연한 것 같지 않아요? 약간 뚱뚱해 보이죠.

售货员 : 您一点儿也不胖! 不过如果想试的话, 这里同样款式的还有天蓝色和浅绿色两种颜色, 您都可以试一下。

　　　Nín yì diǎnr yě bú pàng ! bú guò rú guǒ xiǎng shì de huà , zhè lǐ tóng yàng kuǎn shì de hái yǒu tiān lán sè hé qiǎn lǜ sè liǎng zhǒng yán sè , nín dōu kě yǐ shì yí xià 。

　　　조금도 뚱뚱하지 않으세요! 그러면 만약 입어보시려면 여기에 같은 스타일로 하늘색과 연두색 두 가지 색상이 있으니 모두 입어 보세요.

希　真 : (试过以后), 就要这件浅绿色的吧, 色彩挺柔和的, 比较适合这个季节。

　　　(shì guò yǐ hòu) , Jiù yào zhè jiàn qiǎn lǜ sè de ba , sè cǎi tǐng róu hé de , bǐ jiào shì hé zhè ge jì jié 。

　　　(입어본 후) 연두색으로 할게요. 색감이 매우 부드러워서 이 계절에 비교적 적합해요.

售货员 : 真漂亮!对了,您不是还想买裙子吗?

Zhēn piào liang ! duì le , nín bú shì hái xiǎng mǎi qún zi ma ?

매우 예쁘세요! 맞다, 치마도 사신다고 하셨죠?

希　真 : 我看了看,裙子的样式这么多,我都有点儿看花眼了。

Wǒ kàn le kàn , qún zi de yàng shì zhè me duō , wǒ dōu yǒu diǎnr kàn huā yǎn le 。

제가 보았는데 치마 스타일이 많아서 눈앞이 좀 어지럽네요.

售货员 : 我给您推荐一条怎么样?我觉得和你这件毛衫特别配。

Wǒ gěi nín tuī jiàn yì tiáo zěn me yàng ? wǒ jué de hé nǐ zhè jiàn máo shān tè bié pèi 。

제가 하나 추천해드려도 될까요? 당신의 스웨터와 잘 어울린다고 생각해요.

希　真 : 是吗?看起来很普通啊,好像没什么特别的。

Shì ma ? kàn qǐ lái hěn pǔ tōng ā , hǎo xiàng méi shén me tè bié de 。

그래요? 평범해 보이는데 별로 특별한 것 같지 않아요.

售货员 : 但是它和这件上衣搭配,会很漂亮的。

Dàn shì tā hé zhè jiàn shàng yī dā pèi , huì hěn piào liang de 。

하지만 치마와 이 상의랑 매치하면 너무 예쁠 거예요.

希　真 : 真的,穿上去不胖不瘦,很合身。民浩,你觉得好不好看?

Zhēn de , chuān shàng qu bú pàng bú shòu , hěn hé shēn 。 Mín Hào , nǐ jué de hǎo bu hǎo kàn ?

정말이에요. 입으니까 뚱뚱하지도 마르지도 않고 몸에 딱 맞아요. 민호 씨 당신이 보기에도 예뻐?

民　浩 : 不错!颜色和款式都挺搭配的,就一起买了吧。

Bú cuò ! yán sè hé kuǎn shì dōu tǐng dā pèi de , jiù yì qǐ mǎi le ba 。

좋아! 색상이랑 스타일 다 잘 어울려. 그럼 같이 사자.

售货员 : 您这一身穿起来又高雅又时尚，特别适合您的气质。

Nín zhè yì shēn chuān qǐ lai yòu gāo yǎ yòu shí shàng ， tè bié shì hé nín de qì zhì 。

이 옷차림이 고상하고, 스타일리시해서 당신의 기질에 특히 적합합니다.

希　真 : 那好，就买这两件吧。明天的朋友聚会，我就穿这身了！

Nà hǎo ， jiù mǎi zhè liǎng jiàn ba 。 míng tiān de péng you jù huì ， wǒ jiù chuān zhè shēn le ！

그럼 이 두 벌 사겠습니다. 내일 친구들과 모임에 이렇게 입어야겠어요!

语法

---

1. 起来 : 趋向补语。动词/形容词+起来，表示动作或状态开始并继续。作插入语或句子的前一部分，有估计或着眼于某一方面的意思。

방향보어. 동사/형용사+起来는 동작 또는 상태가 시작되고 계속됨을 나타낸다. 동사 뒤에 붙어 삽입 성분을 형성하여 추측하거나 어느 한 분야에 착안함을 나타낸다.

例句 : 这篇文章读起来通俗易懂。

看起来，这件事他不会同意的。

2. 好不好看 : 正反疑问句，格式为：主语+动词+不+动词+宾语，或主语+形容词+不+形容词。

정반의문문, 형식은 "주어+동사+不+동사+목적어"이거나 "주어+형용사+不+형용사"이다.

例句：你去不去上海？

他帅不帅？

3. 怎么样? 用于询问, 或虚指、任指。
문의, 불특정 지시대명사나 임의지시에 쓴다.

例句：你的身体怎么样？

现在感觉怎么样？

4. 什么 : 表示不肯定的事物或人
불확정한 사물이나 사람을 나타낸다.

例句：我的故事讲出来也没什么新鲜的。

你最近看过什么新片子没有？

5. 不胖不瘦 : 不A不B, A和B表示两个意思相对的单音节形容词或方位词
等。表示适中。
不A不B, A와B는 두 의미의 상대적인 단음절 형용사나 방위사 등을 나타낸다. 정도가 알맞음을 나타낸다.

例句：这条裤子不长不短。

这间房不大不小。

1. 选合适的词语填空

受约束 随意 眼力 搭配 肥瘦 正规 时尚 推荐 气质 比较

(1) 我们店经营的都是大厂家的_____品牌。

(2) 这件衬衣很实用,它可以和任何裤子随意_____。

(3) 这件衣服既大方又_____,你买了准没错!

(4) 两件衣服哪个更好看,你穿上____一下就知道了。

(5) 他一向喜欢自由,不太喜欢_____。

(6) 这家酒店有什么好吃的菜?你能给我_____一下吗?

(7) 今天我请客,想吃什么可以_____点。

(8) 妈妈刚给你买的衣服,快试试大小_____怎么样。

(9) 这位女士的_____特别好,穿什么都好看。

(10) 你给我买的这件衣服很漂亮,看来你的_____真不错!

2. 使用本课学过的语法完成句子

(1) 你最近去过_____好看的景点没有?

(2) 学习汉语难不_____?

(3) 我数过了,人数_____多_____少,刚好。

(4) 这支圆珠笔,用_____很方便。

(5) 咱们一起去_____?

(6) 你平常工作_____不累?

(7) 你怎么拉肚子了,你有没有吃过_____不干净的东西?

(8)这件裙子看_____挺好的，但是，我穿上有点显胖。

(9)这要被子_____厚_____薄，正合适。

(10)你帮我看一下这条裙子的质量_____？

服装的类型
복장의 유형

春夏：衬衫、T恤、卫衣、牛仔、长裤、短裤、裙子、连衣裙、超短裙
춘하：셔츠、티셔츠、맨투맨、데님、긴바지、반바지、치마、원피스、초미니스커트
秋冬：礼服、茄克、棉衣、大衣、羽绒服、手套、围巾、帽子、鸭绒袄
추동：예복、재킷、솜옷、코트、패딩、장갑、목도리、모자、오리털 저고리
服装类型：男装、女装、衣服、裤子、上衣、内衣、西装、西裤、衬衣、毛衣、外套
복장유형：남성복、여성복、옷、바지、상의、내의、정장、양복 바지、와이셔츠、스웨터、외투

中韩服装型号对照表
한중 복장 사이즈 대조표

女装(上衣)

韩国尺码	44(85)	55(90)	66(95)	77(100)	88(105)	99
中国尺码	155/80A	160/84A	165/88A	170/92A	175/96A	180/100A
适合身高(cm)	153~157	158~162	163~167	168~172	173~177	177~180
腰围(cm)	62~66	67~70	71~74	75~79	80~84	85~89
胸围(cm)	78~81	82~85	86~89	90~93	94~97	98~102
肩宽(cm)	36	38	40	42	44	46

男装(上衣)

韩国尺码	90~95	95~100	100~105	105~110	>110	
中国尺码	165/80A	170/84A	175/88A	180/92A	185/96A	190/100A
适合身高(cm)	163~167	168~172	173~177	178~182	182~187	187~190
腰围(cm)	72~75	76~79	80~84	85~88	89~92	93~96
胸围(cm)	82~85	86~89	90~93	94~97	98~102	103~107
肩宽(cm)	42	44	46	48	50	52

男装(裤子)

韩国尺码	28	29	30	31	32	33	34	36	38
中国尺码 (市尺)	2尺	2尺1	2尺2	2尺3	2尺4	2尺5	2尺6	2尺7	2尺8
腰围(cm)	67	70	73	77	80	83	87	90	93
臀围(cm)	100	102	104	106	108	110	112	118	122

在买衣服时，您更在意的是哪些因素呢？
옷을 살 때 더 신경쓰는 것은 어떤 요소인가요?

1、价钱的高低 가격의 높낮이

2、面料的好坏 원단의 좋고 나쁨

3、是否是名牌 명품 여부

4、质量的好坏 품질의 좋고 나쁨

5、是否与众不同 남 다른지

6、是否时髦 유행인지

7、是否合身 몸에 맞는지

8、是否适合自己的年龄、身材和职业 자신의 나이와 체격과 직업에 적합한지

第二章 제2장 — 买鞋
신발 구매하기

为了以后的工作和生活，两人要买几双鞋。

앞으로의 일과 생활을 위해 두 사람은 신발 몇 켤레를 사야 한다.

生词

主意 zhǔ yi		[명사]방법. 생각. 의견.
全场 quán chǎng		[명사](참석한) 전원. 모든 사람.
促销 cù xiāo		[동사]판매를 촉진시키다. 판촉하다.
相配 xiāng pèi		[형용사]서로 어울리다. 짝이 맞다.
经典 jīng diǎn		[형용사](사물이) 전형적이고 영향력이 비교적 큰.
过时 guò shí		[동사]시대에 뒤떨어지다. 유행이 지나다.
高跟 gāo gēn		높은 굽.
习惯 xí guàn		[동사]습관[버릇]이 되다. 익숙해지다.
低跟 dī gēn		낮은 굽.
舒服 shū fu		[형용사](몸·마음이) 편안하다.
流行 liú háng		[명사, 동사]유행(하다). 성행(하다).
别致 bié zhì		[형용사]색다르다. 별나다.

银色 yín sè		[명사]은색
金色 jīn sè		[명사]금색
耐穿 nài chuān		[형용사] (의복·신발 등이) 오래가다. 질기다.
合脚 hé jiǎo		[동사] (신·양말이) 발에 맞다.
稍微 shāo wēi		[부사]조금. 약간.
紧 jǐn		[형용사] (옷 등이) 너무 작다. 꼭 끼다.
优惠 yōu huì		[형용사]특혜의. 우대의.
划算 huá suàn		[형용사]수지가 〔타산이〕 맞다.
收银台 shōu yín tái		[명사]계산대.
结帐 jié zhàng		[동사]결제하다. 계산하다.
销售 xiāo shòu		[동사]팔다. 판매하다.
单据 dān jù		[명사]영수증.
保修卡 bǎo xiū kǎ		[명사]보증서.
包退 bāo tuì		[동사]반품 보증을 하다.
包换 bāo huàn		[동사](물건이 나쁜 경우에) 교환을 보증하다.
免费 miǎn fèi		[동사]무료로 하다.
护理 hù lǐ		[동사]관리하다.
健身 jiàn shēn		[동사]몸을 튼튼히[건강하게] 하다.
计划 jì huà		[명사, 동사]계획(하다).

对话

希　真 : 新衣服有了, 但还要配一双漂亮的鞋子才行啊。来这家鞋店逛逛吧？

Xīn yī fu yǒu le， dàn hái yào pèi yì shuāng piào liang de xié zi cái xíng ā。 Lái zhè jiā xié diàn guàng guang ba？

새 옷이 있으니 예쁜 신발 한 켤레를 더 신어야 되잖아. 이 신발가게 구경하는거 어때?

民　浩：这主意不错。逛了半天商店，我已经很累了，真高兴有个地方能坐下歇歇。

Zhè zhǔ yi bú cuò。 Guàng le bàn tiān shāng diàn， wǒ yǐ jīng hěn lèi le， zhēngāo xìng yǒu gè dì fang néng zuò xià xiē xie。

이 생각 좋다. 한참 동안 상점을 돌아다녀 이미 매우 피곤했는데 앉아서 쉴 수 있는 곳이 있어서 기뻐.

售货员：二位想买鞋吗？你们来的正是时候。新款刚刚陈列出来。全场还有促销活动。

Èr wèi xiǎng mǎi xié ma？ nǐ men lái de zhèng shì shí hou。 Xīn kuǎn gāng gāng chén liè chū lái。 quán chǎng hái yǒu cù xiāo huó dòng。

두 분 신발 사려고 하시나요? 딱 잘 오셨어요. 새 스타일이 방금 진열되었어요. 모든 사람들에게 판촉 행사도 하고 있어요.

希　真：我想买一双鞋，和我的这条裙子相配。

Wǒ xiǎng mǎi yì shuāng xié， hé wǒ de zhè tiáo qún zi xiāng pèi。

저는 제가 입은 스커트와 어울리는 신발 한켤레를 사려고합니다.

售货员：您的裙子真漂亮！您看这双怎么样？这是我们的经典款。

Nín de qún zi zhēn piào liang！ Nín kàn zhè shuāng zěn me yàng？ zhè shì wǒ men de jīng diǎn kuǎn。

스커트가 정말 아름답군요! 이 신발은 어떠세요? 이것은 저희의 오리지널 스타일입니다.

希　真：我不怎么喜欢这种款式的，这种鞋跟有点过时了。

Wǒ bù zěn me xǐ huan zhè zhǒng kuǎn shì de， zhè zhǒng xié gēn yǒu diǎn guò shí le。

저는 이런 스타일을 별로 좋아하지 않아요. 이런 굽은 좀 유행이 지났어요.

售货员 : 看来您是想要高跟的，是吗?

Kàn lái nín shì xiǎng yào gāo gēn de， shì ma?

높은 굽을 원하나봐요. 그렇죠?

希　真 : 是的，我习惯了穿高跟的。虽然低跟的会更舒服些，但是穿高跟的会更显身材嘛!

Shì de， wǒ xí guàn le chuān gāo gēn de。 Suī rán dī gēn de huì gèng shū fu xiē， dàn shì chuān gāo gēn de huì gèng xiǎn shēn cái ma!

네, 높은 굽을 신는 것에 익숙해졌어요. 굽이 낮은 게 좀 더 편하겠지만 높은 굽을 신으면 몸매가 더 드러나잖아요!

民　浩 : 我也觉得高跟鞋和你的裙子更相配。

Wǒ yě jué de gāo gēn xié hé nǐ de qún zi gèng xiāng pèi。

나도 하이힐이 스커트랑 더 잘 어울린다고 생각해.

售货员 : 那您再试试这双?这是今年推出的最新款，也是流行款，样式很别致。

Nà nín zài shì shi zhè shuāng? zhè shì jīn nián tuī chū de zuì xīn kuǎn， yě shì liú xíng kuǎn， yàng shì hěn bié zhì。

그럼 이 한 켤레를 신어보시겠어요? 이것은 올해 나온 새로운 스타일이며 유행하는 스타일로 스타일이 아주 독특해요.

希　真 : 这个款式不错，有没有其它颜色的?

Zhè ge kuǎn shì bú cuò， yǒu méi yǒu qí tā yán sè de?

이 스타일 괜찮은데 다른 색상은 없나요?

售货员 : 还有银色的和金色的。

Hái yǒu yín sè de hé jīn sè de。

은색과 금색이 있어요.

希　真 : 给我拿双银色的吧，37码的。唉，民浩，你在那儿看上什么了？

Gěi wǒ ná shuāng yín sè de ba，37 mǎ de。Ai，Mín Hào，nǐ zài nàr kàn shàng shén me le？

은색으로 주세요. 37사이즈요. 아, 민호씨 거기서 뭐 보고있어?

民　浩 : 我看上了一双运动鞋，我想买一双白色的运动鞋来配我的牛仔裤。

Wǒ kàn shàng le yì shuāng yùn dòng xié，wǒ xiǎng mǎi yì shuāng bái sè de yùn dòng xié lái pèi wǒ de niú zǎi kù。

나 운동화 한 켤레를 보고 있었어. 내 청바지에 어울리는 흰색 운동화 를 사고 싶어.

售货员 : 您的眼光真好！这个牌子的运动鞋很耐穿的。您穿多大码的？

Nín de yǎn guāng zhēn hǎo！Zhè ge pái zi de yùn dòng xié hěn nài chuān de。Nín chuān duō dà mǎ de？

안목이 정말 좋으시네요! 이 브랜드의 운동화는 오래가요. 사이즈가 어 떻게 되세요?

民　浩 : 43码的。有没有我这么大号的？

43 mǎ de。Yǒu méi yǒu wǒ zhè me dà hào de？

43사이즈요. 혹시 저 같은 큰 사이즈는 있나요?

售货员 : 有的，稍等。这是这位女士的，37码的，这是您的，先生，43码的。 试试看合脚不合脚？

Yǒu de，shāo děng。zhè shì zhè wèi nǚ shì de，37 mǎ de，zhè shì nín de，xiān sheng，43 mǎ de。shì shi kàn hé jiǎo bù hé jiǎo？

있어요. 잠시만 기다려주세요. 여기 이 여자분 거예요. 37사이즈요. 이건 당신 거예요. 선생님 43사이즈입니다. 발에 맞는지 안 맞는지 한번 신어볼까요?

民　浩 : (试穿后) 不太合适。好像稍微紧了点儿。再给我拿大一码的吧。

（shì chuān hòu） Bú tài hé shì。 hǎo xiàng shāo wēi jǐn le diǎnr。 Zài gěi wǒ ná dà yī mǎ de ba。

(착용 후) 잘 안 맞아요. 좀 조이는 것 같아요. 한 사이즈 더 큰 걸로 주세요.

售货员 : 您再试试这双。这双应该能穿。不合适的话可以再换。

Nín zài shì shi zhè shuāng。 Zhè shuāng yīng gāi néng chuān。 Bù hé shì de huà kě yǐ zài huàn。

이거 한 번 더 신어보세요. 이건 아마 맞을 거예요. 안 맞으면 다시 바꿀 수 있어요.

民　浩 : (试穿后) , 嗯, 这双正合脚。就这双了。

（shì chuān hòu）, En, zhè shuāng zhèng hé jiǎo。 Jiù zhè shuāng le。

(착용 후) 네 이게 딱 맞아요. 이 신발로 할게요.

希　真 : 我的这双也正好合适。买两双鞋有优惠吗?

Wǒ de zhè shuāng yě zhèng hǎo hé shì。 Mǎi liǎng shuāng xié yǒu yōu huì ma?

저도 딱 맞아요. 신발 두 켤레를 사면 혜택이 있나요?

售货员 : 可以的。您到收银台结帐时就会给您减价的 , 所以今天买特别划算!

Kě yǐ de。 Nín dào shōu yín tái jié zhàng shí jiù huì gěi nín jiǎn jià de, suǒ yǐ jīn tiān mǎi tè bié huá suàn!

네. 계산대에 가서 계산하실 때 할인해 드릴게요. 오늘 사면 매우 수지가 맞아요.

希　真 : 鞋子保修吗?

Xié zi bǎo xiū ma?

신발은 애프터서비스가 가능한가요?

售货员：可以的。我把新鞋、单据和保修卡都装在鞋盒子里了。如果鞋有问题，我们规定是七天包退，一个月包换。另外，我们提供免费护理，保证您穿得放心！

Kě yǐ de 。 Wǒ bǎ xīn xié 、 dān jù hé bǎo xiū kǎ dōu zhuāng zài xié hé zi lǐ le 。 Rú guǒ xié yǒu wèn tí ， wǒ men guī dìng shì qī tiān bāo tuì ， yí gè yuè bāo huàn 。 Lìng wài ， wǒ men tí gōng miǎn fèi hù lǐ ， bǎo zhèng nín chuān de fàng xīn ！

가능해요. 새 신발, 영수증 그리고 보증서를 신발 상자에 넣었어요. 만약 신발에 문제가 있다면 저희는 7일 내에는 반품을 보증하고, 한 달까지는 교환을 보증하도록 규정해요. 또한, 저희는 안심하고 신으실 수 있도록 무료 관리를 제공합니다!

民　浩：好了，今天收获很大。回去后我就可以穿着新鞋，开始我的健身计划了！

Hǎo le ， jīn tiān shōu huò hěn dà 。 Huí qù hòu wǒ jiù kě yǐ chuān zhe xīn xié ， kāi shǐ wǒ de jiàn shēn jì huà le ！

잘 됐어. 오늘 수확이 컸네. 돌아가서 새 신발을 신고, 헬스 계획을 시작할 수 있어!

希　真：太好了！我也和你一起开始健身！

Tài hǎo le ！ Wǒ yě hé nǐ yì qǐ kāi shǐ jiàn shēn ！

매우 좋아! 나도 당신이랑 같이 헬스를 시작해야지!

语法

1. 不怎么："怎么"表示一定程度。不+怎么+动词/形容词，表达的语气比较委婉。

"怎么"는 어느 정도를 나타낸다. 不+怎么+동사/형용사, 표현의 어투가 완곡한

편이다.

例句 : 我今天不怎么舒服 , 想休息一天。

　　　　他刚学 , 还不怎么会唱。

2.　刚刚 : 副词 , 表示发生在不久前。修饰动词和少数表示变化的形容词。
动词后也可以用表示时量的词语。

부사, 얼마 전에 발생했음을 나타낸다. 동사와 적은 수는 변화를 나타내는 형용사
를 수식한다. 동사 뒤에는 시량을 나타내는 단어도 쓸 수 있다.

例句 : 伤口刚好 , 还要多注意。

　　　　他刚走了两天 , 你就回来了。

3. 虽然---但是--- : 连词 , 表示转折关系。

접속사, 역접관계를 나타낸다.

例句 : 他虽然年龄小 , 但是他的力气却很大。

　　　　虽然工作人员少 , 但他们仍然按时完成了工作。

4.　"-----的话" : 用在假设小句的末尾 , 一般跟连词 "如果"、"假如"、"要
是" 连用。

가정절의 끝에 사용되고, 일반적으로 접속사 "如果"、"假如"、"要是"과 함께 사
용된다.

例句 : 要是明天没事儿的话 , 我一定去。

　　　　如果可以的话 , 再让我试试。

1. 选合适的词语填空

促销 经典 舒服 耐穿 稍微 划算 收银台 单据 免费 计划

(1)如果有质量问题了,我们可以_____修理。

(2)我买衣服不选太贵的,只要穿着_____就好。

(3)今天衣服便宜了,现在去买很_____。

(4)这是本品牌的_____款,已经销售好多年了。

(5)这条裤子很_____,我穿了好多年都不变形。

(6)如果想退货,我需要看一下商品的_____。

(7)请问_____在哪里?我要去交费。

(8)假期里,你有没有订一个学习_____?

(9)这件衣服_____大了点儿,再拿个小一号的吧。

(10)为了吸引顾客,商场开展了一周的_____活动。

2. 使用本课学过的语法完成句子

(1)会议_____开始,音响就出现了一点儿小问题。

(2)最近这些年冬天_____冷了

(3)他_____从这儿过去,你快点去找他吧。

(4)如果可能_____,我想亲自去一趟新疆看看他。

(5)虽然我们没见过面,_____并不感觉陌生。

(6)学汉语很很难吗?我觉得_____难

(7)_____天气不太好,但是同学们还是坚持参加蓝球比赛。

(8) 假如时间允许_____ ,我们再修改一遍最好。

(9) _____只有几天时间,他就受不了这个苦了。

(10) 对这部电影,我_____感兴趣。

阅读材料

鞋的类型
신발의 종류

运动鞋 高跟鞋 平底鞋 皮鞋 帆布鞋 靴子 登山鞋 凉鞋 拖鞋 人字拖
운동화. 하이힐. 굽이 낮은 구두. 가죽 구두. 운동화. 부츠. 등산화. 샌들. 슬리퍼.
쪼리.

鞋的号码
신발의 사이즈

中国比较常见的鞋子的尺码是36、37、38、39、40、41、42、43、44、45。
중국에서 비교적 흔한 신발의 사이즈는36、37、38、39、40、41、42、43、44、
45이다.
与此对应,韩国常见的鞋子的尺码是230、235、240、245、250、255、260、
265、270、275。
이에 대응하여 한국에서 흔히 볼 수 있는 신발의 사이즈는230、235、240、245、
250、255、260、265、270、275이다.

买床上用品
침구 구매하기

租的房子里只有家具，要自己买一些床上用品。

임대한 집에는 가구 밖에 없어서 침구를 직접 사야 한다.

生词

床上用品 chuáng shàng yòng pǐn	[명사]침구.
直销 zhí xiāo	[동사]직접 판매하다. 직판하다.
随便 suí biàn	[부사]마음대로. 좋을 대로.
被子 bèi zi	[명사]이불.
枕头 zhěn tou	[명사]베개.
床单 chuáng dān	[명사]침대의 시트.
靠垫 kào diàn	[명사] (소파 위에 놓는) 쿠션. 방석.
随意 suí yì	[부사] (자기) 마음대로. 뜻대로.
蚕丝被 cán sī bèi	[명사]잠사 이불. 실크 이불.
羊毛被 yáng máo bèi	[명사]양모 이불. 양털 이불.
羽绒被 yǔ róng bèi	[명사]오리털 이불
保暖 bǎo nuǎn	[동사]보온하다.

吸湿 xī shī	[명사, 동사]흡습(하다).
透气 tòu qì	[동사](공기 따위가) 통하다. 공기를 환기시키다.
轻盈 qīng yíng	[형용사]가볍다. 경쾌하다. 가뿐하다.
喜好 xǐ hào	[동사]좋아하다. 애호하다. 호감을 가지다.
比较 bǐ jiào	[부사]비교적. 상대적으로.
暖和 nuǎn huo	[형용사]따뜻하다.
温暖 wēn nuǎn	[형용사]따뜻하다. 따스하다.
要不 yào bù	[접속사]그렇지 않으면. 그러지 않으면.
特色 tè sè	[명사]특색. 특징.
花型 huā xíng	[명사]꽃 무늬.
素雅 sù yǎ	[형용사] (빛깔·옷차림 등이) 소박하고 우아하다. 점잖다.
华丽 huá lì	[형용사]화려하다.
选择 xuǎn zé	[동사]선택하다. 택하다.
其它 qí tā	[대명사](사물에 쓰여) 기타. 그 밖에.
档次 dàng cì	[명사] (품질 등의) 등급. 등차.
耐用 nài yòng	[형용사]견디다. 질기다. 오래가다.
缩水 suō shuǐ	[동사] (일부 방직품이) 물에 젖어 줄어들다.
起球 qǐ qiú	[명사]보풀.
褪色 tuì sè	[동사]퇴색하다. 빛이 바래다.
高档 gāo dàng	[형용사]고급의. 상등의.
成套 chéng tào	[명사]한 세트. 한 조.
原价 yuán jià	[명사]원가.
现价 xiàn jià	[명사]시가. 현재 가격.
超级 chāo jí	[형용사](품질·규모·수량 등이) 최상급인.
实惠 shí huì	[명사]실질적 혜택. 실리. 실익. [형용사] 실용적인. 실속 있는.

对话

售货员：欢迎光临！今天全场所有床上用品厂家直销。您想看些什么？

Huān yíng guāng lín！Jīn tiān quán chǎng suǒ yǒu chuáng shàng yòng pǐn chǎng jiā zhí xiāo。Nín xiǎng kàn xiē shén me？

어서오세요! 오늘은 모든 침구 제조업자들이 직접 판매합니다. 무엇을 찾으세요?

希　真：我们随便看看。你们这里都有什么？

Wǒ men suí biàn kàn kan。Nǐ men zhè lǐ dōu yǒu shén me？

저희는 마음대로 구경하고 있어요. 여기에 어떤게 있나요?

售货员：我们这里有被子、枕头、床单、靠垫等等，也有四件套、六件套，您可以随意挑选。

Wǒ men zhè lǐ yǒu bèi zi、zhěn tou、chuáng dān、kào diàn děng děng，yě yǒu sì jiàn tào、liù jiàn tào，nín kě yǐ suí yì tiāo xuǎn。

여기에는 이불, 베개, 시트, 쿠션 등이 있고, 4세트, 6세트도 있는데 마음대로 고르실 수 있습니다.

希　真：被子很多也很漂亮，麻烦您给介绍一下吧。

Bèi zi hěn duō yě hěn piào liang，má fan nín gěi jiè shào yí xià ba。

이불도 많고 예쁜데 소개해 주세요.

售货员：我们这儿的被子有羽绒被、棉花被、羊毛被等。质量都是最好的！

Wǒ men zhèr de bèi zi yǒu yǔ róng bèi、mián huā bèi、yáng máo bèi děng。Zhì liàng dōu shì zuì hǎo de！

여기 있는 이불은 오리털 이불, 솜 이불, 양모 이불 등이 있습니다. 품질이 모두 최고입니다!

民　浩：品种这么多，它们有什么不同吗？

Pǐn zhǒng zhè me duō, tā men yǒu shén me bù tóng ma?

종류가 이렇게 많은데 그것들이 뭐가 다른가요?

售货员 : 棉花被呢, 保暖性好, 透气性也好。羽绒被和羊毛被会更轻盈一些, 这主要看个人的喜好了。这些卖得都特别好。

Mián huā bèi ne, bǎo nuǎn xìng hǎo, tòu qì xìng yě hǎo。 Yǔ róng bèi hé yáng máo bèi huì gèng qīng yíng yì xiē, zhè zhǔ yào kàn gè rén de xǐ hào le。 Zhè xiē mài de dōu tè bié hǎo。

솜이불은요, 보온성이 좋고 통기성도 좋아요. 오리털 이불과 양모 이불은 좀 더 가볍고, 이것은 주로 개인적인 취향입니다. 이것들은 매우 잘 팔려요.

民 浩 : 嗯, 看来它们真的是各有各的特色。希真, 你看呢?

En, kàn lái tā men zhēn de shì gè yǒu gè de tè sè。 Xī Zhēn, nǐ kàn ne?

네, 그것들은 정말 각각의 특색이 있는 것 같아요. 희진씨가 보기에는 어때?

希 真 : 我还是比较喜欢棉花被, 摸着好舒服呀! 很温暖的感觉。

Wǒ hái shì bǐ jiào xǐ huan mián huā bèi, mō zhe hǎo shū fu ya! Hěn wēn nuǎn de gǎn jué。

나는 여전히 비교적 솜이불이 좋아. 만지면 정말 편안해! 매우 따뜻한 느낌이야.

民 浩 : 要不, 就先买一套棉花被, 等到天热了, 再来看看其它的吧。

Yào bù, jiù xiān mǎi yí tào mián huā bèi, děng dào tiān rè le, zài lái kàn kan qí tā de ba。

아니면 솜이불 한 세트를 먼저 사서 날씨가 더울 때까지 기다렸다가 다른 것들을 보러 오자.

售货员 : 说得不错! 人们一般会在不同的季节选择不同的床上用品。

Shuō de bú cuò! Rén men yì bān huì zài bù tóng de jì jié xuǎn zé bù tóng de chuáng shàng yòng pǐn。

좋은 생각이세요! 사람들은 보통 계절에 따라 다른 침구를 선택할 수 있어요.

售货员：花型呢？您喜欢素雅一点儿的还是华丽一些的。

Huā xíng ne？Nín xǐ huan sù yǎ yì diǎnr de hái shì huá lì yì xiē de。

꽃 무늬는요? 조금 점잖은 것을 좋아하시나요 아니면 화려한 것을 좋아하시나요?

希 真：素雅一点儿的吧，我不喜欢太花的。

Sù yǎ yì diǎnr de ba，wǒ bù xǐ huan tài huā de。

좀 점잖은게 좋아요. 저는 꽃이 너무 많은건 안 좋아요.

售货员：好的。您还要其它的吗？

Hǎo de。nín hái yào qí tā de ma？

네. 다른게 더 필요하신가요?

民 浩：这个带细条纹的床单也挺好的，看起来很有档次的。但不知道耐不耐用，起球不起球。

Zhè ge dài xì tiáo wén de chuáng dān yě tǐng hǎo de，kàn qǐ lái hěn yǒu dàng cì de。Dàn bù zhī dào nài bu nài yòng，qǐ qiú bù qǐ qiú。

가는 줄무늬가 있는 이 침대 시트도 아주 좋고, 보기에도 격이 있어 보여요. 하지만 오래가는지 보풀이 안 일어나는지 모르겠어요.

售货员：这种面料属于高档面料，不但花型漂亮，而且不缩水，不起球、不褪色。你放心用好了！

Zhè zhǒng miàn liào shǔ yú gāo dàng miàn liào，bú dàn huā xíng piào liang，ér qiě bù suō shuǐ，bù qǐ qiú、bú tuì sè。Nǐ fàng xīn yòng hǎo le！

이 원단은 고급스러운 원단으로 꽃 무늬가 예쁠 뿐만 아니라 물에 줄어들지도 않고, 보풀이 일어나지도 않고, 퇴색하지도 않습니다. 안심하고 사용하세요!

希 真：那这种床单有成套的吗？

Nà zhè zhǒng chuáng dān yǒu chéng tào de ma？

그럼 이 시트가 세트로 된 게 있나요?

售货员: 有啊! 今天厂家搞活动, 原价2280元的四件套, 现价688元。超级实惠的!

Yǒu ā！jīn tiān chǎng jiā gǎo huó dòng， yuán jià 2280 yuán de sì jiàn tào， xiàn jià 688 yuán。 Chāo jí shí huì de！

있어요! 오늘 제조업자들이 행사를 하는데 원가2280위안에 4세트가 현재 688위안입니다. 정말 실속이 있어요.

民　浩: 那四件套指的是什么呢?

Nà sì jiàn tào zhǐ de shì shén me ne？

그럼 4세트란 무엇을 말하는 거죠?

售货员: 四件套有一个床单、一个被套、两个短枕套, 这是最常用的一套床上用品。

Sì jiàn tào yǒu yí gè chuáng dān、 yí gè bèi tào、 liǎng gè duǎn zhěn tào, zhè shì zuì cháng yòng de yí tào chuáng shàng yòng pǐn。

4세트는 침대 시트 하나, 이불 커버 하나, 짧은 베개 커버 두 개가 있어요. 이것은 가장 일반적으로 사용되는 침구 한 세트입니다.

希　真: 那就买一套吧, 这样床上用品就配齐了。

Nà jiù mǎi yí tào ba， zhè yàng chuáng shàng yòng pǐn jiù pèi qí le。

그러면 한 세트를 살게요. 이러면 침구를 다 구비했어요.

售货员: 好, 我这就给您装起来。对了, 到夏天的时候, 欢迎再来看看我们店里的蚕丝被, 一定会有您喜欢的! 再见!

Hǎo， wǒ zhè jiù gěi nín zhuāng qǐ lái。 duì le， dào xià tiān de shí hou, huān yíng zài lái kàn kan wǒ men diàn lǐ de cán sī bèi， yí dìng huì yǒu nín xǐ huan de！zài jiàn！

네, 그럼 담아드리겠습니다. 아참, 여름이 되면 저희 가게에 실크 이불을 보러 또 오세요. 분명 마음에 드시는 게 있을 거예요! 안녕히 가세요!

希　真 : 好的！再见！

　　　　Hǎo de ！ Zài jiàn ！

　　　　네! 안녕히 계세요!

语法

1. 卖得特别好 : 情态补语。"得"用在动词或形容词之后, 用于评价或描述某种状态

정태보어. "得"는 동사나 형용사 뒤에 사용하며, 어떤 상태를 평가하거나 묘사하는데 사용된다.

例句 : 她歌唱得特别好。

　　　小李的字写得很清楚

2. 各有各的特色 : "各", 副词, 表示分别做或分别具有。

"各"부사, 따로 하거나 따로 구비함을 표시한다.

例句 : 这两样工具各有各的用处。

　　　他们各有各的想法。

3. 要不(然) : 连词, 表示两种意愿的选择。带有商量的口气。也可以单用, 放在第二小句的开头, 表示说话者的意愿。

접속사, 두 가지 중에서 하나를 선택함을 나타낸다. 의논조를 띤다. 단독으로 사용 가능하고, 두 번째 절의 첫머리에 넣어 화자의 의사를 표시할 수도 있다.

例句:飞机票没买到,要不(然)坐火车吧。

　　　大家都喊累,要不休息两天吧

4. 不但---而且----。连词。连接两个表示递进关系的分句。"不但",也可以换成"不仅"。

접속사. 두개를 이어 점층 관계의 단문을 나타낸다. "不但"은 "不仅"으로 변환이 가능하다.

例句:他不但聪明,而且勤奋。

　　　不仅妈妈支持我,爸爸也支持我。

练习

1. 选合适的词语填空

随便　透气　暖和　特色　考虑　华丽　褪色　高档　精致　摆设

(1)这件衣服_____太厉害了,可能是不合格的产品。

(2)因为_____工作,我把下班时间都忘了。

(3)这个房间住着不太舒服,因为它又小又不_____。

(4)这家酒店很有_____,所以每天来这里的顾客非常多。

(5)今天天气很_____,不用穿太厚。

(6)这件礼服又端庄又_____,很适合今天的场合。

(7)这家商场主要经营_____产品,所以服装都很贵。

(8)欢迎光临!不买东西也可以_____转转。

(9)这家家具店里不仅有很多床,床上还放着很多小_____。

（10）我喜欢看书，也喜欢在书本里夹几张_____的书签。

2. 使用本课学过的语法完成句子

（1）这个菜做_____特别好吃。

（2）要_____你就答应了吧，你看他都说了好几次了。

（3）我不但学会了英语，_____也学会了日语。

（4）下了班，他们就各回_____的家了。

（5）一回到家，他就把房间打扫_____干干净净。

（6）今天我还有事儿，要_____咱们明天再谈吧。

（7）咱们各看_____的书，别说话了啊！

（8）我不仅喜欢看书，_____也喜欢弹琴。

（9）小李游泳游_____特别快，大家都追不上他。

（10）老师_____表扬了他，而且还送了他一份奖品。

床上用品的分类
침구의 종류

1、套罩类：包含被套、床罩、床单。

　커버류 : 이불 커버, 침대 커버, 시트를 포함한다.

2、枕类：初略可分为枕套、枕芯，枕套又分为短枕套、长枕套、方枕套等，枕芯又分为四孔纤维枕、方枕、木棉枕、磁性枕、乳胶枕、菊花枕、荞麦枕、决明子枕等。

　베개류 : 처음에는 베갯잇, 베갯속으로 나누고, 베갯잇은 짧은 베갯잇, 긴 베갯잇, 네모난 베갯잇 등으로 나눌 수 있으며, 베갯속은 또 사공섬유베개, 방침, 침목면베개, 자성베개, 라텍스베개, 국화베개, 메밀베개, 결명자베개 등으로 나눌 수 있다.

3、被褥类：七孔被、四孔被、冷气被、保护垫

　이불류 : 칠공 이불, 사공 이불, 냉방 이불, 보호 매트

4、套件：四件套、五件套、六件套、七件套。

　세트 : 4세트, 5세트, 6세트, 7세트.

被子的种类和尺寸
이불의 종류와 사이즈

1、被子的种类：主要有羽绒被、棉花被、羊毛被、纤维被、蚕丝被等。

　이불의 종류 : 주로 오리털 이불, 솜 이불, 양모 이불, 섬유 이불, 실크 이불 등이 있다.

2、被子的尺寸：双人被是最常见的款式，1.5米的床选择200cm×230cm的被子，1.8米的床选择220cm×240cm，这2款被子，可以通用。成人单人被的尺寸，一般多为180cm×220cm。青少年或学生宿舍用的，一般多为150cm×210cm。

　이불 사이즈 : 2인용은 가장 흔한 스타일로 1.5m 침대는 200cm×230cm 이

불, 1.8m 침대는 220cm×240cm, 이 2종류 이불은 통용된다. 성인 1인용 이불 사이즈는 보통 180cm×220cm가 많다. 청소년이나 학생 기숙사용은 보통 150cm×210cm가 많다.

<h2 style="text-align:center">如何选择床上用品？</h2>
<h2 style="text-align:center">침구는 어떻게 선택할까요?</h2>

一、从购买的用途出发

구매 용도에서 출발하다

如果送礼应视送礼的对象而定，送新婚的要喜庆一点的。送新迁居的朋友，要考虑新居的环境。如作为日常使用，简洁、方便、实用的单件组合是一种很好的选择，您可以随季节变化和个人需要经常调换色彩，营造不同氛围。

만약 선물을 보낼 때는 선물 상대를 보고 정해야 한다. 신혼에게 보낼 때는 축하하는 의미를 담은 것을 보내야한다. 새로 이사한 친구에게 보낼 때는 새집의 환경을 고려해야 한다. 일상적으로 사용하는 것처럼 간결하고 편리하며 실용적인 싱글 콤비네이션은 좋은 선택이다. 계절의 변화와 개인적인 필요에 따라 자주 색을 바꿈으로써 다른 분위기를 만들 수 있다.

二、从季节变换的角度

계절이 바뀌는 각도에서

床品的选择应根据季节的变化而变化，如春夏可选择清新，跳跃的色彩营造鲜活氛围，冬季可以选择暖色调，烘托温暖的视觉效果。被子系列夏季以3斤左右为宜，春秋季4-5斤左右，冬季6-8斤左右。同时要视个人习惯以及当地气候而定。

침구의 선택은 계절의 변화에 따라 달라지는데 예를 들어 봄여름에는 신선하고 도약하는 색을 선택해 생생한 분위기를 겨울에는 따뜻한 색조를 선택해 따뜻한 시각적 효과를 부각시킬 수 있다. 이불 라인은 여름에는 3근 정도가 적당하며 봄가을에는 4-5근 정도, 겨울에는 6-8근 정도이다. 개인적인 습관과 현지 기후를 고려해서 결정해야 한다.

买洗漱用品
세면용품 구매하기

洗漱用品必不可少, 两人又来到了一家大型超市
세면용품이 없어서 두 사람은 또 대형 마트에 왔다.

生词

大型 dà xíng	[형용사]대형(의).
超市 chāo shì	[명사]슈퍼마켓. 슈퍼.
方便 fāng biàn	[형용사]편리하다.
购物车 gòu wù chē	[명사]쇼핑 카트.
打折 dǎ zhé	[동사]할인하다.
销售 xiāo shòu	[동사]팔다. 판매하다. 매출하다.
商品 shāng pǐn	[명사]상품.
目录 mù lù	[명사]목록.
参考 cān kǎo	[동사]참고하다. 참조하다.
箱包 xiāng bāo	[명사]트렁크. 가죽 가방.
洗护用品 xǐ hù yòng pǐn	[명사]샴푸 용품.
洗发水 xǐ fà shuǐ	[명사]샴푸.

宣传单 xuān chuán dān	[명사]광고 전단.
折扣 zhé kòu	[동사]할인하다.
货架 huò jià	[명사] (상점·창고 따위에 있는) 진열대.
护发素 hù fà sù	[명사]린스.
香皂 xiāng zào	[명사]세수[화장] 비누.
牙刷 yá shuā	[명사]칫솔.
牙膏 yá gāo	[명사]치약.
毛巾 máo jīn	[명사]수건.
剃须刀 tì xū dāo	[명사]면도기.
结帐 jié zhàng	[동사]결제하다. 계산하다.
会员卡 huì yuán kǎ	[명사]회원카드.
遗憾 yí hàn	[명사, 동사]유감(이다).
凭 píng	[동사]…에 근거하다. …에 따르다.
服务台 fú wù tái	[명사]카운터. 안내 데스크.
购物袋 gòu wù dài	[명사]장바구니. 쇼핑백.
感觉 gǎn jué	[동사]느끼다.
实惠 shí huì	[형용사]실속 있다. 실용적이다.
信用卡 xìn yòng kǎ	[명사]신용 카드.
微信 wēi xìn	[명사]위챗.
支付宝 zhī fù bǎo	[명사]알리페이.

希　真：民浩，这儿有一家大型超市，离咱家这么近，太方便了。

Mín Hào ， zhèr yǒu yì jiā dà xíng chāo shì ， lí zán jiā zhè me jìn ， tài fāng biàn le 。

민호씨 여기 대형 마트가 있어 우리 집에서 가까워서 너무 편해.

民　浩：走吧，逛逛去。咱刚搬到一个新家，要买的东西太多了，说不定能碰上什么合适的呢！

Zǒu ba ， guàng guang qu 。 Zán gāng bān dào yí gè xīn jiā ， yào mǎi de dōng xi tài duō le ， shuō bú dìng néng pèng shang shén me hé shì de ne!

가보자. 구경하러 가자. 우리가 막 새 집으로 이사 와서 살 물건이 너무 많아. 적당한 걸 건질 수 있을지 몰라!

售货员：欢迎光临！今天所有商品打折销售。来，给您一份商品目录，您可以参考一下。

Huān yíng guāng lín ！ Jīn tiān suǒ yǒu shāng pǐn dǎ zhé xiāo shòu 。 Lái ， gěi nín yí fèn shāng pǐn mù lù ， nín kě yǐ cān kǎo yí xià 。

어서오세요! 오늘 모든 상품을 할인 판매합니다. 자, 상품 목록을 드리는데 참고하시면 됩니다.

民　浩：这家超市真得挺大的。让我看一看。一楼是箱包，二楼是洗护用品、日常生活用品，三楼是食品区。

Zhè jiā chāo shì zhēn de tǐng dà de 。 Ràng wǒ kàn yi kàn 。 yī lóu shì xiāng bāo ， èr lóu shì xǐ hù yòng pǐn 、 rì cháng shēng huó yòng pǐn ， sān lóu shì shí pǐn qū 。

이 슈퍼마켓은 정말 크다. 가서 보자. 1층은 가방, 2층은 샴푸용품, 일상 생활용품, 3층은 식품 코너야.

希 真 : 我想先买些洗发水。咱们上二楼吧。

Wǒ xiǎng xiān mǎi xiē xǐ fà shuǐ 。 Zán men shàng èr lóu ba 。

나는 먼저 샴푸를 사고 싶어. 우리 2층으로 올라가자.

售货员 : 二位好!您想看些什么?

Èr wèi hǎo ! Nín xiǎng kàn xiē shén me ?

두 분 안녕하세요! 어떤 것을 찾으세요?

希 真 : 我想买些洗护用品。我看宣传单上有好多优惠活动。

Wǒ xiǎng mǎi xiē xǐ hù yòng pǐn 。 Wǒ kàn xuān chuán dān shàng yǒu hǎo duō yōu huì huó dòng 。

저는 샴푸용품을 사려고 해요. 제가 보니까 전단지에 많은 할인 행사가 있어요.

售货员 : 是的。今天所有商品都有折扣。这边几排货架上的商品打八折,那边几排货架上的商品打七折。

Shì de 。 Jīn tiān suǒ yǒu shāng pǐn dōu yǒu zhé kòu 。 Zhè biān jǐ pái huò jià shàng de shāng pǐn dǎ bā zhé , nà bian jǐ pái huò jià shàng de shāng pǐn dǎ qī zhé 。

맞아요. 오늘 모든 상품에 할인이 있어요. 이쪽 몇 줄의 진열대에 있는 상품을 20% 할인하고, 저쪽 몇 줄의 진열대에 있는 상품을 30% 할인합니다.

希 真 : 好的。这里有洗发水、护发素、香皂,都是我需要的。

Hǎo de 。 zhè lǐ yǒu xǐ fà shuǐ 、 hù fà sù 、 xiāng zào , dōu shì wǒ xū yào de 。

네. 여기에 샴푸, 린스, 비누가 있는데 다 내가 필요한 거야.

民 浩 : 我需要买些牙刷、牙膏,还有毛巾、剃须刀。

Wǒ xū yào mǎi xiē yá shuā 、 yá gāo , hái yǒu máo jīn 、 tì xū dāo 。

나는 칫솔, 치약, 그리고 수건, 면도기를 좀 사야해.

希 真 : 东西真多呀,都放到购物车里吧。现在去结帐好了。

Dōng xi zhēn duō ya， dōu fàng dào gòu wù chē lǐ ba。 Xiàn zài qù jié zhàng hǎo le。

물건이 정말 많네. 모두 쇼핑 카트에 넣자. 지금 가서 계산하자.

收银员 : 您好! 请问您有会员卡吗?

Nín hǎo ！ Qǐng wèn nín yǒu huì yuán kǎ ma ？

안녕하세요! 회원카드가 있으신가요?

希　真 : 噢, 没有。

ō， méi yǒu。

오, 없어요.

收银员 : 很遗憾。您如果有会员卡的话, 凭会员卡在活动期间可以享受更多的优惠。

Hěn yí hàn。 Nín rú guǒ yǒu huì yuán kǎ de huà， píng huì yuán kǎ zài huó dòng qī jiān kě yǐ xiǎng shòu gèng duō de yōu huì。

유감입니다. 회원카드가 있으시면 회원카드로 행사기간 동안 더 많은 혜택을 받으실 수 있습니다.

民　浩 : 请问会员卡怎么办呢?

Qǐng wèn huì yuán kǎ zěn me bàn ne ？

회원카드는 어떻게 발급받나요?

收银员 : 您到一楼服务台就可以办理。这样, 下次您再来就可以用了。

Nín dào yī lóu fú wù tái jiù kě yǐ bàn lǐ。 Zhè yàng， xià cì nín zài lái jiù kě yǐ yòng le。

1층 안내 데스크에 오시면 처리하실 수 있습니다. 다음에 다시 오시면 사용하실 수 있습니다.

民　浩 : 谢谢!

Xiè xie ！

감사합니다!

收银员 : 您的商品比较多，请问需要购物袋吗？

Nín de shāng pǐn bǐ jiào duō ， qǐng wèn xū yào gòu wù dài ma ？

상품이 많으신데 쇼핑백이 필요하신가요?

民　浩 : 要一个吧。我可以刷信用卡吗？

Yào yí gè ba 。 Wǒ kě yǐ shuā xìn yòng kǎ ma ？

하나 주세요. 신용카드로 결제될까요?

收银员 : 可以。也可以使用微信、支付宝结帐。

Kě yǐ 。 Yě kě yǐ shǐ yòng wēi xìn 、 zhī fù bǎo jié zhàng 。

가능합니다. 위챗, 알리페이를 사용해서도 결제가 가능합니다.

收银员 : 您所购的商品一共是280元。请收好您的信用卡。这是您的东西，请拿好。

Nín suǒ gòu de shāng pǐn yí gòng shì 280 yuán 。 Qǐng shōu hǎo nín de xìn yòng kǎ 。 zhè shì nín de dōng xi ， qǐng ná hǎo 。

구매하신 상품은 모두 280원입니다. 신용카드 받으세요. 이것은 당신의 물건이니 잘 챙겨 주세요.

希　真 : 我感觉今天买的东西挺实惠的。下次我们就办个会员卡吧。

Wǒ gǎn jué jīn tiān mǎi de dōng xi tǐng shí huì de 。 Xià cì wǒ men jiù bàn gè huì yuán kǎ ba 。

오늘 산 물건이 꽤 실속이 있다고 느껴. 다음에는 회원 카드를 만들자.

民　浩 : 对。我看刚才很多人都只要拿着手机就可以结帐了，咱俩也得学学了。下次试试用微信和支付宝支付，那样就更方便了。

Duì 。 Wǒ kàn gāng cái hěn duō rén dōu zhǐ yào ná zhe shǒu jī jiù kě yǐ jié zhàng le ， zán liǎ yě děi xuéxue le 。 Xià cì shì shi yòng wēi xìn hé zhī fù bǎo zhī fù ， nà yàng jiù gèng fāng biàn le 。

맞아. 내가 보니까 많은 사람들이 핸드폰을 가지고 계산을 할 수 있어. 우리 둘 다 배워야해. 다음에는 위챗과 알리페이로 결제하는 것을 시도해보자. 그러면 더 편리해질 거야.

1. 碰上什么 : "什么", 指示代词, 表示不肯定的事物或人, 或表示任指。

"什么" 지시대명사, 긍정적이지 않은 사물이나 사람을 표시하거나 임의 지시를 나타낸다.

例句 : 你想吃点儿什么吗?

我每天晚上都会写点儿什么。

2. 刚才 : 名词, 指说话以前不久的时间。

명사. 대화 후 멀지 않은 과거의 시간을 나타낸다.

例句 : 刚才你干什么去了?

吃了点儿东西, 现在比刚才舒服些了

3. 只要----就---- : 连词, 表示必要条件。

접속사, 필요조건을 나타낸다.

例句 : 只要下功夫, 你就能学会。

只要吃两天药, 你这病就能好。

4. 得 : 助动词, 表示需要, 应该、必须

조동사. 需要, 应该、必须를 나타낸다.

例句：你得快点儿，要不然就晚了。

　　　遇事儿得和大家商量。

1. 选合适的词语填空

方便 打折 目录 参考 折扣 结帐 遗憾 凭 感觉 实惠

（1）为了促销，许多商店会选择商品＿＿＿＿＿＿销售，例如打九折、打八折等。

（2）为了完成这篇论文，我＿＿＿＿＿＿了很多相关书籍。

（3）没有看到同学们的精彩演出，我感到很＿＿＿＿＿＿。

（4）到学校图书馆看书，需＿＿＿＿＿＿学生证才能进入。

（5）在超市选好东西以后，到交费处可以用现金或信用卡＿＿＿＿＿＿。

（6）现在的出行方式很多，可以说交通越来越＿＿＿＿＿＿了。

（7）因为＿＿＿＿＿＿特别大，能省不少钱，所以很多人排队购买。

（8）我＿＿＿＿＿＿今天的天气比较凉，多穿件衣服吧。

（9）政府办了很多好事，让群众得到了＿＿＿＿＿＿。

（10）要想了解一本书的主要内容，你应该先认真阅读一下这本书的＿＿＿。

2. 使用本课学过的语法完成句子

（1）他＿＿＿＿＿＿来了一个电话，你正好不在，

（2）昨天去商场转了转，发现没＿＿＿＿＿＿可买的

（3）只要按照老师的要求去做，你＿＿＿＿＿＿一定能学会。

(4) 我_____赶快出发了, 要不然就赶不上车了。

(5) 大家都不同意我的意见, 我还说_____呢?

(6) _____我讲的话, 大家都听清楚了吗?

(7) 只要外面不下雨, 我_____会出去跑步。

(8) 咱们就随便看看, 碰上什么买_____吧。

(9) 前边的车已经走远了, 你_____自己想办法坐车了。

(10) 已经过去10分钟了, 操场上的人数并不多, 我觉得和_____差不多。

阅读材料

常用的洗漱用品
자주 쓰는 세면용품

护肤品: 洗面奶、 乳液、 香水、空气清新液、啫喱水、香皂、洗头膏、护发素、沐浴露

스킨케어: 폼클렌저, 로션, 향수, 공기청정액, 헤어 (스프레이) 젤, 비누, 샴푸, 린스, 바디워시

工具类: 毛巾、 一次性拖鞋、 头绳 、搓澡巾 裕花、脸盆、牙刷、牙膏、刷牙缸

공구류: 수건, 일회용 슬리퍼, 머리끈, 때밀이수건, 수건, 세면대, 칫솔, 치약, 양치통

电器: 电吹风、剃须刀、女士剃毛刀

전기: 전기 드라이어, 면도기, 여자 면도기

买厨房用品
주방용품 구매하기

第五章
제5장

长期生活当然要自己做饭，两人还要买厨房用品。

장기간 생활은 당연히 스스로 밥을 해야 하니 두 사람은 주방용품도 구매해야 한다.

生词

厨房 chú fáng	[명사]부엌. 주방.
冰箱 bīng xiāng	[명사]냉장고.
微波炉 wēi bō lú	[명사]전자레인지.
电饭煲 diàn fàn bāo	[명사]전기밥솥
锅 guō	[명사]냄비.
碗 wǎn	[명사]사발. 그릇.
勺子 sháo zi	[명사](조금 큰) 국자. 주걱. 수저.
碟子 dié zi	[명사]접시.
厨具 chú jù	[명사]취사도구.
推荐 tuī jiàn	[동사]추천하다.
餐具 cān jù	[명사]식기.
功能 gōng néng	[명사]기능. 작용. 효능.

煮 zhǔ	[동사]삶다. 끓이다. 익히다.
口感 kǒu gǎn	[명사]입맛.
材质 cái zhì	[명사]재료.
内胆 nèi dǎn	[명사]안 용기.
复合材料 fù hé cái liào	[명사]복합 재료.
实用 shí yòng	[동사]실용하다. 실제로 쓰다. [형용사]실용적이다.
养生 yǎng shēng	[명사]위생
喜好 xǐ hào	[동사]좋아하다. 애호하다.
紫砂 zǐ shā	[명사]자사.
缺点 quē diǎn	[명사]결점. 부족한 점. 단점.
标准 biāo zhǔn	[명사]표준. 기준.
省时 shěng shí	[동사]시간을 절약하다[덜다].
精华 jīng huá	[명사]정화. 정수.
粥 zhōu	[명사]죽.
定时 dìng shí	[명사]정시. 정해진 시간.
预约 yù yuē	[명사, 동사]예약(하다).
擅长 shàn cháng	[동사]…에 뛰어나다. …에 정통하다.
烹调 pēng tiáo	[동사]요리 (조리) 하다.
正好 zhèng hǎo	[부사]마침. [형용사]딱맞다. 꼭 맞다.
样品 yàng pǐn	[명사]샘플. 견본(품).
香甜 xiāng tián	[형용사]향기롭고 달다. 맛있다.
味道 wèi dào	[명사]맛.
相当 xiāng dāng	[부사]상당히. 대단히.
松软 sōng ruǎn	[형용사]보드랍다. 부드럽다.

蛋糕 dàn gāo	[명사]케이크.
容量 róng liàng	[명사]용량.
相差 xiāng chà	[명사]차이. [동사]서로 차이가 나다. 서로 다르다.
选择 xuǎn zé	[동사]선택하다.
仔细 zǐ xì	[형용사]꼼꼼하다. 자세하다.
介绍 jiè shào	[동사]소개하다.
保证 bǎo zhèng	[명사, 동사]보증(하다).
当然 dāng rán	[형용사]당연하다. 물론이다. [부사]당연히.
其实 qí shí	[부사](그러나) 사실은.
口福 kǒu fú	[명사]먹을 복.

对话

民　浩：今天我们买些厨房要用的东西吧。咱先计划一下，都需要买什么呢？

Jīn tiān wǒ men mǎi xiē chú fáng yào yòng de dōng xi ba 。 Zán xiān jì huà yí xià ， dōu xū yào mǎi shén me ne ？

오늘 우리 부엌에서 쓸 것들을 사자. 먼저 뭘 사야할지 계획해 보자.

希　真：咱家里现在有的，只有冰箱和微波炉，其它的我看都需要买呀。

Zán jiā lǐ xiàn zài yǒu de ， zhǐ yǒu bīng xiāng hé wēi bō lú ， qí tā de wǒ kàn dōu xū yào mǎi ya 。

집에 지금 있는 건 냉장고와 전자레인지뿐이고, 다른 건 내가 보기에 모두 사야 해.

民　浩 : 咱俩都喜欢吃米饭, 电饭煲肯定是要买的, 做饭少不了。

　　　Zán liǎ dōu xǐ huan chī mǐ fàn, diàn fàn bāo kěn dìng shì yào mǎi de, zuò fàn shǎo bù liǎo。

　　　우리 둘 다 밥을 좋아해서 밥솥은 틀림없이 사야하고, 아마 밥 짓는 일이 많을거야.

希　真 : 还有煮饭锅、汤锅、碗、勺子、碟子, 需要的东西多着呢!

　　　Hái yǒu zhǔ fàn guō、tāng guō、wǎn、sháo zi、dié zi, xū yào de dōng xi duō zhe ne!

　　　그리고 밥솥, 냄비, 그릇, 숟가락, 접시 필요한 것이 많네!

民　浩 : 那现在就出发吧!

　　　Nà xiàn zài jiù chū fā ba!

　　　그럼 지금 출발하자!

民　浩 : 请问哪里有卖电饭煲的?

　　　Qǐng wèn nǎ lǐ yǒu mài diàn fàn bāo de?

　　　실례지만 전기밥솥을 파는 곳이 어디 있나요?

导购员 : 噢, 电饭煲在二楼厨具部。从这边直走再右拐, 坐电梯到二楼就可以了。

　　　ō, diàn fàn bāo zài èr lóu chú jù bù。Cóng zhè biān zhí zǒu zài yòu guǎi, zuò diàn tī dào èr lóu jiù kě yǐ le。

　　　오, 전기밥솥은 2층 주방 기구부에 있습니다. 이쪽에서 곧장 가시다가 오른쪽으로 돌아가셔서 2층까지 엘리베이터를 타시면 됩니다.

售货员 : 这里是厨具部, 请问二位需要什么?我可以给您推荐一下。

　　　Zhè lǐ shì chú jù bù, qǐng wèn èr wèi xū yào shén me? wǒ kě yǐ gěi nín tuī jiàn yí xià。

　　　여기는 주방 도구부입니다. 두 분에게 무엇이 필요하신가요? 제가 추천해 드릴 수 있어요.

希　真 : 我们想先看看电饭煲，然后再买些其它的餐具。

Wǒ men xiǎng xiān kàn kan diàn fàn bāo, rán hòu zài mǎi xiē qí tā de cān jù。

저희는 먼저 전기밥솥을 보고 나서 다른 식기들을 사고 싶어요.

售货员 : 电饭煲的种类很多。您希望有哪些功能呢？

Diàn fàn bāo de zhǒng lèi hěn duō。Nín xī wàng yǒu nǎ xiē gōng néng ne？

전기밥솥의 종류가 매우 많아요. 어떤 기능을 원하시나요?

民　浩 : 主要是煮饭吧。哪种煮出来的饭口感更好呢？

Zhǔ yào shì zhǔ fàn ba。Nǎ zhǒng zhǔ chū lai de fàn kǒu gǎn gèng hǎo ne？

주로 밥을 해요. 어떤 종류의 밥솥이 밥맛이 더 좋은가요?

售货员 : 那就看您选择什么材质的内胆。目前的电饭煲大多是用复合材料的内胆，非常实用。当然，也有不少人从养生和个人喜好方面考虑，会选择紫砂内胆。但它的缺点是烧饭时间比较长。

Nà jiù kàn nín xuǎn zé shén me cái zhì de nèi dǎn le。Mù qián de diàn fàn bāo dà duō shì yòng fù hé cái liào de nèi dǎn，fēi cháng shí yòng。Dāng rán，yě yǒu bù shǎo rén cóng yǎng shēng hé gè rén xǐ hào fāng miàn kǎo lǜ，huì xuǎn zé zǐ shā nèi dǎn。Dàn tā de quē diǎn shì shāo fàn shí jiān bǐ jiào cháng。

그럼 어떤 소재의 안 용기를 선택하셨는지 보아야합니다. 현재 전기밥솥은 대부분은 복합소재의 안 용기로 매우 실용적입니다. 물론 위생과 개인적인 취향을 고려해 자사 안 용기를 택하는 경우도 적지 않아요. 하지만 그것의 단점은 밥을 짓는 시간이 비교적 길다는 거예요.

希　真 : 除了煮饭外，哪种锅功能更多些呢？

Chú le zhǔ fàn wài，nǎ zhǒng guō gōng néng gèng duō xiē ne？

밥 짓는 것 외에 어떤 종류의 밥솥이 기능이 좀 더 많을까요?

售货员 : 您看这一款。它的煮饭功能分得很细。标准煮呢，大约50分钟左右。要是想快些，就按"超快煮"这个键，比较省时。如果想让米饭口感更好些，就按"精华煮"这个键。

Nín kàn zhè yì kuǎn。 Tā de zhǔ fàn gōng néng fēn de hěn xì。 biāo zhǔn zhǔ ne， dà yuē 50 fēn zhōng zuǒ yòu。 Yào shì xiǎng kuài xiē， jiù àn "chāo kuài zhǔ" zhè ge jiàn， bǐ jiào shěng shí。 Rú guǒ xiǎng ràng mǐ fàn kǒu gǎn gèng hǎo xiē， jiù àn"jīng huá zhǔ" zhè ge jiàn。

이 상품을 보세요. 밥솥 기능이 매우 자세해요. 표준취사는 약 50분 정도 걸려요. 더 빨리 하려면 "쾌속취사" 버튼을 누르면 비교적 시간이 절약돼요. 밥맛을 더 좋게 하려면 '취사'를 누르면 됩니다.

民　浩 : 那能煮粥吗？

Nà néng zhǔ zhōu ma？

죽을 끓일 수 있나요?

售货员 : 当然可以。不光能煮粥、煲汤，还可以定时和预约呢。这种电饭煲卖得快着呢！

Dāng rán kě yǐ。 Bù guāng néng zhǔ zhōu、 bāo tāng， hái kě yǐ dìng shí hé yù yuē ne。 Zhè zhǒng diàn fàn bāo mài de kuài zhe ne！

물론이죠. 죽을 끓이고, 국을 끓이는 것뿐만 아니라 정시와 예약도 할 수 있어요. 이런 전기밥솥은 빨리 팔려요!

希　真 : 还能做其它的东西吗？比如，做蛋糕？

Hái néng zuò qí tā de dōng xi ma？ Bǐ rú， zuò dàn gāo？

또 다른 것도 가능한가요? 예를들어 케이크 만들기요?

售货员 : 可以呀。看样子您对做饭还很有研究呢！

Kě yǐ ya。 Kàn yàng zi nín duì zuò fàn hái hěn yǒu yán jiū ne！

가능해요. 요리에 대해서 많이 연구하시는 모양이군요!

希　真 : 没有。其实我并不是很擅长烹调，所以才想学着做一点儿。

Méi yǒu。 Qí shí wǒ bìng bú shì hěn shàn cháng pēng tiáo， suǒ yǐ cái xiǎng xué zhe zuò yì diǎnr 。

아니요. 사실 제가 요리를 잘하는 게 아니라서 조금 배워서 하고 싶었
어요.

售货员 : 正好 , 我们这里有做好的样品 。这是米饭 , 这是蛋糕 , 您二位可以
尝尝 。

Zhèng hǎo ，　wǒ men zhè lǐ yǒu zuò hǎo de yàng pǐn 。 Zhè shì mǐ fàn ，
zhè shì dàn gāo ，　nín èr wèi kě yǐ cháng chang 。

마침, 여기에 잘 된 샘플이 있어요. 이것은 밥이고, 이것은 케이크입니다.
두 분은 드셔보셔도 됩니다.

民　浩 : 嗯 , 是不错 !米饭不软不硬 , 还有点香甜的味道 。

En ，　shì bú cuò ！ Mǐ fàn bù ruǎn bú yìng ，　hái yǒu diǎn xiāng tián de wèi
dào 。

응, 좋네요! 밥이 연하지도 딱딱하지도 않고, 약간 달콤한 맛도 있어요.

希　真 : 蛋糕的口感也很好啊 !吃起来相当松软 , 和蛋糕房里做出来的差
不多 。

Dàn gāo de kǒu gǎn yě hěn hǎo a ！ Chī qǐ lai xiāng dāng sōng ruǎn ，　hé
dàn gāo fáng lǐ zuò chū lai de chà bu duō 。

케이크의 식감도 좋아요! 먹으면 상당히 부드러워서 케이크 가게에서 만
든 것과 비슷해요.

民　浩 : 那这些电饭煲的价格是不是也都不一样啊 ?

Nà zhè xiē diàn fàn bāo de jià gé shì bu shì yě dōu bù yí yàng a ？

그럼 이 전기밥솥 가격도 다 다른 거 아닌가요?

售货员 : 当然 , 由于材质、功能和容量都不同 , 所以价格也相差很大 。高、
中、低档都有 , 您可以根据需要来选择 。

Dāng rán ，　yóu yú cái zhì 、 gōng néng hé róng liàng dōu bù tóng ，　suǒ
yǐ jià gé yě xiāng chà hěn dà 。 Gāo 、 zhōng 、 dī dàng dōu yǒu ，　nín kě yǐ gēn jù

xū yào lái xuǎn zé 。

당연하죠. 소재와 기능, 용량이 달라 가격차도 커요. 대, 중, 소 모두 있어서 필요에 따라 선택할 수 있습니다.

民　浩：好的，我们会再仔细考虑一下买哪一款，谢谢您的介绍。

Hǎo de ， wǒ men huì zài zǐ xì kǎo lǜ yí xià mǎi nǎ yì kuǎn ， xiè xie nín de jiè shào 。

네, 어떤 것을 살지 좀 더 자세히 생각해 보겠습니다. 소개해주셔서 감사합니다.

希　真：能不能给我一份做蛋糕的介绍? 我拿回家去试着做做。

Néng bu néng gěi wǒ yí fèn zuò dàn gāo de jiè shào? wǒ ná huí jiā qù shì zhe zuò zuo 。

케이크 만드는 방법을 설명해 주실 수 있나요? 집에 가져가서 해볼게요.

售货员：当然可以了，其实很简单的。只要照着这个图示去做，保证您一学就会!

Dāng rán kě yǐ le ， qí shí hěn jiǎn dān de 。 Zhǐ yào zhào zhe zhè ge tú shì qù zuò ， bǎo zhèng nín yì xué jiù huì ！

물론이죠. 사실 아주 간단해요. 이 그림을 따라 하기만 하면 배울 수 있을 거라고 장담합니다.

民　浩：看来以后我也有口福了！谢谢您了！

Kàn lái yǐ hòu wǒ yě yǒu kǒu fú le ！ xiè xie nín le ！

저도 먹을 복이 있나 봐요! 감사합니다!

售货员：不客气!其它餐具就在旁边那个柜台,祝您购物愉快!

Bú kè qi! qí tā cān jù jiù zài páng biān nà gè guì tái ， zhù nín gòu wù yú kuài!

천만에요! 다른 식기들은 그 카운터 옆에 있습니다. 즐거운 쇼핑이 되시길 바랍니다!

1. **卖得快着呢："着呢"，助词，用在形容词或类似形容词的词组后边，表示肯定某种性质或状态。略有夸张意味，多用于口语。**

"着呢" 조사. 형용사나 형용사성 구 뒤에 쓰여, 정도가 심하거나 어떤 성질 혹은 상태를 강조함을 나타내며 좀 과장된 경향이 있다. 말하기에 많이 사용된다.

例句：北京烤鸭有名着呢！

　　这种西瓜好吃着呢！

2. **刚好：副词，正好在那一点儿上（指时间、空间、数量等。有不早不晚、不前不后的的意思）**

부사. 때마침, 알맞게 (시간, 공간, 수량 등을 가리키고, 때늦지 않고, 딱 맞다는 의미이다.)

例句：今天刚好没事儿，咱们去公园走走吧。

　　我们顺便走进他家，他刚好在。

3. **其实：副词，表示所说的情况是真实的，用于动词前或主语前。一是引出和上文相反的意思，有更正上文的作用。二是表示对上文的修正或补充。**

부사. 말한 상황이 진실임을 나타내며 동사 앞이나 주어 앞에 사용된다. 첫 번째는 윗글과 상반되는 의미를 끌어내고, 윗글을 정정하는 역할을 한다. 두 번째는 윗글에 대한 수정 또는 보충을 나타낸다.

例句：听口音像北方人，其实他是广州人。

你们只知道他会说汉语，其实他的日语也挺好。

4. 由于：连词，表示原因。后一小句开头除用"所以"外，还可以用"因此、因而"。

접속사. 원인을 나타낸다. 뒤에 절 앞에 "所以"외에 "因此、因而" 도 가능하다.

例句：由于计划的变动，因此某些设计需要修改。

由于事情比较复杂，所以大家讨论的时间很长。

练习

1. 选合适的词语填空

实用　养生　功能　口感　缺点　擅长　推荐　正好　相当　预约

（1）老师给学生_____了一部感人的电影。

（2）这台新上市的电冰箱增加了很多新的_____。

（3）这道菜如果再少放点盐，可能_____会更好！

（4）日常生活中，我们选择商品不仅要注重好看，更要讲究_____。

（5）为了身体健康，现在越来越多的人开始注意_____了。

（6）我们评价一个人不能只看他的_____，而是要多看他的优点。

（7）您什么时候能来上课，请提前和我_____一下时间。

（8）我除了会游泳以外，其它体育项目都不_____。

（9）我一直想去旅游，现在_____有机会了。

（10）一个人要完成这样一项任务，是_____不容易的。

2. 使用本课学过的语法完成句子

(1) 你如果到过北京, 就会发现长安街宽　　　　。

(2) 正在找他, _____他来了。

(3) 别看他汉语说得这么好, _____他英语说得更好!

(4) _____出现了一点故障, 飞机暂时不能起飞。

(5) 事情发生的时候, _____我在现场, 所以我了解情况。

(6) _____教练指导得好, 大家的成绩提高很快。

(7) 不要太骄傲了, 我看你的这份作业问题多_____。

(8) _____工作关系, 我在上海停留了几天。

(9) 他从小练习书法, 字写得好_____。

(10) 我正在发愁买不着票呢, _____他就给我送来了一张。

如何选购电饭煲？
어떻게 전기밥솥을 선택 구입하나요?

首先，要根据自己的经济实力来选择一些优秀品牌的产品，好的品牌在优质服务以及售后保证方面做的都不错，可以让消费者买的放心。

먼저 경제력에 따라 우수한 브랜드의 상품을 골라야 하고, 좋은 브랜드는 질 좋은 서비스와 사후 보증을 잘해 소비자가 안심할 수 있다.

其次，可以选择集多种功能于一身的电饭煲，这样不但可以节省开支，还可以有效的利用家居空间。电饭煲不光有煮饭的功能，煮粥、炖汤样样精通，而且还可以做蛋糕，还有一些压力煲可以无水煲鸡。

다음으로 다양한 기능을 갖춘 밥솥을 선택할 수 있어 비용을 절감할 수 있을 뿐 아니라 집 공간을 효율적으로 활용할 수 있다. 전기밥솥은 밥 짓는 기능뿐 아니라 죽 끓이기, 찌개 만들기에도 정통하고, 케이크도 만들 수 있고, 어떤 압력솥은 물 없이 닭을 요리할 수 있다.

作为一个理智的消费者，在选择电饭煲的时候，还应该考虑它的健康问题，卖场中出现了很多采用紫砂内胆的电饭煲，它在烹饪加热过程中不会产生有害物质，紫砂还富含有益人体健康的多种矿物质。

이성적인 소비자라면 밥솥을 고를 때 건강도 고려해야 하고, 자사 내 용기를 사용한 밥솥이 매장에 많이 등장했다. 조리 가열 과정에서 유해물질이 생기지 않고, 또한 자사는 건강에 좋은 미네랄을 포함하고 있다.

选择电饭煲最重要的莫过于安全问题，在购买时一定要检查产品是否合格标志，再查看产品说明书。

밥솥을 선택하는 데 가장 중요한 것은 안전 문제이므로 구입 시 반드시 제품의 합격 여부 표시를 점검하고 제품 설명서를 살펴보아야 한다.

第六章
제6장

买首饰
장신구 구매하기

希真和民浩的结婚纪念日马上就要到了。民浩想送给妻子一件首饰作为礼物。(耳环,项链,手镯,戒指,钻石,宝石)

희진과 민호의 결혼기념일이 곧 다가오고 있다. 민호는 아내에게 장신구 하나를 선물을 주려고 한다. (귀걸이, 목걸이, 팔찌, 반지, 다이아몬드, 보석)

生词

首饰 shǒu shi	[명사]장신구.
愿望 yuàn wàng	[명사]소망. 바람. 희망.
结婚 jié hūn	[동사]결혼하다.
纪念日 jì niàn rì	[명사]기념일.
像样 xiàng yàng	[형용사]그럴듯하다. 보기 좋다.
枚 méi	[양사] 매. 장. 개. [주로 비교적 작은 조각으로 된 사물을 세는 단위]
钻戒 zuàn jiè	[명사]다이아몬드 반지.
翡翠 fěi cuì	[명사]비취.
钻石 zuàn shí	[명사]다이아몬드. 금강석.
玉 yù	[명사]옥.

作为 zuò wéi		[동사] …로 여기다 (간주하다) . …으로 삼다.
恩爱 ēn ài		[형용사] (부부간의) 금슬이 좋다. 애정이 깊다.
夫妻 fū qī		[명사]부부.
愿意 yuàn yì		[동사] (어떤 상황이 발생하기를) 바라다. 희망하다.
特点 tè diǎn		[명사]특징. 특색.
大方 dà fang		[형용사] (스타일·색깔 따위가) 고상하다. 우아하다. 점잖다.
好像 hǎo xiàng		[동사]마치 …과 같다[비슷하다].
既然 jì rán		[접속사]…된 바에야. …인 (된) 이상.
足足 zú zú		[부사]꼬박. 족히.
克拉 kè lā		[양사]캐럿.
成色 chéng sè		[명사] 순도.
做工 zuò gōng		[명사]가공 기술.
保值 bǎo zhí		[동사] (원래의) 화폐 가치를 유지하다. 가치를 보증하다.
物超所值 wù chāo suǒ zhí		가성비가 좋다.
张扬 zhāng yáng		[동사](비밀이나 알릴 필요가 없는 일을) 떠벌리다. 퍼뜨리다.
素雅 sù yǎ		[형용사] (빛깔 따위가) 점잖다. 우아하다.
风格 fēng gé		[명사]성격. 기질. 스타일.
畅销 chàng xiāo		[형용사]판로가 넓다. 잘 팔리다.
品质 pǐn zhì		[명사]품질. 질.
心意 xīn yì		[명사]마음. 성의.
可贵 kě guì		[형용사]귀중하다. 소중하다.
普通 pǔ tōng		[형용사]보통이다. 일반적이다.
耐看 nài kàn		[형용사]아무리 보아도 싫증이 안 난다.
售后服务 shòu hòu fú wù		[명사] (상품의) 애프터서비스

终身 zhōng shēn	[명사]일생. 한평생.
免费护理 miǎn fèi hù lǐ	무류 관리.
鉴定 jiàn dìng	[동사]감정하다. 품평하다.
保养 bǎo yǎng	[동사]정비하다. 손질하다.
佩戴 pèi dài	[동사] (장식품·명찰 등을) 패용하다. 달다. 차다.
质量 zhì liàng	[명사]질. 품질.
及时 jí shí	[부사]제때에. 적시에.
周到 zhōu dào	[형용사]주도하다. 꼼꼼하다.
精美 jīng měi	[형용사]정미하다. 정밀하고[정교하고] 아름답다.

对话

希 真 : 民浩，这是咱们这儿最大的一家首饰店了，你真要带我进去买件新首饰吗？

Mín Hào， zhè shì zán men zhèr zuì dà de yì jiā shǒu shi diàn le， nǐ zhēn yào dài wǒ jìn qu mǎi jiàn xīn shǒu shi ma ？

민호씨, 여기가 가장 큰 장신구 가게야. 정말 나를 데리고 들어가서 새 장신구를 사줄 거야?

民 浩 : 那是当然！其实我一直都有这个愿望。咱们的结婚纪念日快到了，我得给你买一件像样的礼物。

Nà shì dāng rán ！ qí shí wǒ yì zhí dōu yǒu zhè ge yuàn wàng。 Zán men de jié hūn jì niàn rì kuài dào le， wǒ děi gěi nǐ mǎi yí jiàn xiàng yàng de lǐ wù。

그럼 당연하지! 사실 난 항상 이 소원을 가지고 있었어. 우리 결혼기념일이 곧 다가오는데 당신에게 그럴듯한 선물을 하나 사주고 싶어.

希 真 : 叫我说 , 就别花那么多钱了。咱们不是说好了要省着点钱用吗？

Jiào wǒ shuō ， jiù bié huā nà me duō qián le 。 Zán men bú shì shuō hǎo le yào shěng zhe diǎn qián yòng ma ？

나더러 많은 돈을 쓰지 말라고 했잖아. 우리 돈 좀 아껴 쓰자고 말하지 않았나?

民 浩 : 这次不一样。听我的啊 , 我一定要给你买一枚钻戒。

Zhè cì bù yí yàng 。 Tīng wǒ de a ， wǒ yí dìng yào gěi nǐ mǎi yì méi zuàn jiè 。

이번엔 달라. 내 말 들어봐. 다이아몬드 반지 하나 꼭 사줄게.

售货员 : 你们好 ! 欢迎光临 ! 本店有各类翡翠、钻石、玉等首饰。您想看什么首饰呢？

Nǐ men hǎo ！ Huān yíng guāng lín ！ běn diàn yǒu gè lèi fěi cuì 、 zuàn shí、 yù děng shǒu shi 。 nín xiǎng kàn shén me shǒu shi ne ？

안녕하세요! 어서 오세요! 저희 가게에는 각종 비취, 다이아몬드, 옥 등의 장신구가 있습니다. 어떤 장신구를 보시겠습니까?

民 浩 : 我们来看一下钻戒。

Wǒ men lái kàn yí xià zuàn jiè 。

다이아몬드 반지를 보여주세요.

售货员 : 是给这位女士买吗？

Shì gěi zhè wèi nǚ shì mǎi ma ？

이 숙녀분에게 사주시는 건가요?

民 浩 : 是的 , 我想作为结婚纪念送给我太太。

Shì de ， wǒ xiǎng zuò wéi jié hūn jì niàn sòng gěi wǒ tài tai 。

맞아요. 제 부인에게 결혼 기념일여서 선물하고 싶어요.

售货员 : 一看就知道你们是一对恩爱的小夫妻 ! 这位女士 , 您喜欢哪一款呢？您愿意的话可以试戴一下。

Yí kàn jiù zhī dào nǐ men shì yí duì ēn ài de xiǎo fū qī！Zhè wèi nǚ shì，nín xǐ huan nǎ yì kuǎn ne？Nín yuàn yì de huà kě yǐ shì dài yí xià。

딱 보니 서로 사랑하는 한 쌍의 어린 부부라는 것을 알 수 있어요! 숙녀 분, 어떤 게 좋으세요? 원하시면 한번 착용해보세요.

希　真：把这个给我试一下吧。民浩，你看这个怎么样？

Bǎ zhè ge gěi wǒ shì yí xià ba。Mín Hào，nǐ kàn zhè ge zěn me yàng？

이것을 한번 착용해 볼게요. 민호씨, 이거 어때?

民　浩：我觉得没什么特点，不够大方吧。你再多挑挑看看。

Wǒ jué de méi shén me tè diǎn，bú gòu dà fang ba。Nǐ zài duō tiāo tiao kàn kan。

내가 보기에는 별 특징이 없고, 점잖지 않다고 생각해. 좀 더 보면서 골라봐.

希　真：也是，你说得对。好像不太适合我。

Yě shì，nǐ shuō de duì。Hǎo xiàng bú tài shì hé wǒ。

그렇네 당신 말이 맞아. 나한테 잘 안 어울리는 것 같아.

售货员：既然是结婚纪念，我向您推荐几款钻戒吧。您看这个怎么样？

Jì rán shì jié hūn jì niàn，wǒ xiàng nín tuī jiàn jǐ kuǎn zuàn jiè ba。Nín kàn zhè ge zěn me yàng？

결혼 기념이니 반지 몇 가지를 추천해 드릴게요. 이건 어떠세요?

希　真：唉哟，这枚钻戒足足有三克拉吧！

Ai yō，zhè méi zuàn jiè zú zú yǒu sān kè lā ba！

아유, 이 다이아몬드 반지가 무려 3캐럿이나 되네요!

售货员：是的，你再看它的成色和做工，也都是最好的。

Shì de，nǐ zài kàn tā de chéng sè hé zuò gōng，yě dōu shì zuì hǎo de。

네, 순도와 가공을 다시 보시면 모두 최고입니다.

希 真: 是不错, 但我感觉钻石会不会太大了。

Shì bú cuò, dàn wǒ gǎn jué zuàn shí huì bu huì tài dà le。

괜찮은데 내가 느끼기에 다이아가 너무 큰 것 같아.

民 浩: 不会。钻石大才能保值嘛。

Bú huì。 zuàn shí dà cái néng bǎo zhí ma。

아니야. 다이아몬드가 커야 가치가 있잖아.

售货员: 这钻戒都是今年的最新款, 可以说每一枚钻戒都是物超所值啊。

Zhè zuàn jiè dōu shì jīn nián de zuì xīn kuǎn, kě yǐ shuō měi yì méi zuàn jiè dōu shì wù chāo suǒ zhí a。

이 다이아몬드 반지는 모두 올해의 신상 모델로 각각의 다이아몬드 반지는 모두 가성비가 좋아요.

民 浩: 只要你喜欢, 可以任选一款。

Zhǐ yào nǐ xǐ huan, kě yǐ rèn xuǎn yì kuǎn。

당신만 좋다면 하나 골라도 돼.

希 真: 让我试一下。不行, 我还是觉得太张扬了, 也不适合我。要不我看看那个吧。

Ràng wǒ shì yí xià。 Bù xíng, wǒ hái shì jué de tài zhāng yáng le, yě bú shì hé wǒ。 Yào bù wǒ kàn kan nà ge ba。

한번 착용해볼게요. 안되겠어요. 저는 여전히 너무 떠벌리고, 저한테도 어울리지 않는 것 같아요. 아니면 제가 그것을 한번 볼게요.

售货员: 来, 您再戴上试试。

Lái, nín zài dài shang shì shi。

여기요. 다시 한번 착용해 보세요.

希 真: 我觉得这个嘛, 比较素雅、大方, 是我喜欢的风格。

Wǒ jué dé zhè ge ma， bǐ jiào sù yǎ、 dà fang， shì wǒ xǐ huan de fēng
gé。

저는 이게 좀 우하고 점잖아서 제가 좋아하는 스타일인 것 같아요.

售货员:女士的眼光真不错!这款也是我们的畅销款。和刚才那枚比,品
质一点儿也不差。

Nǚ shì de yǎn guāng zhēn bú cuò！ zhè kuǎn yě shì wǒ men de chàng xiāo
kuǎn。 hé gāng cái nà méi bǐ， pǐn zhì yì diǎnr yě bú chà。

안목이 정말 좋군요! 이 모델도 저희 베스트 상품입니다. 아까 그 것과 비
교하면 품질이 조금도 떨어지지 않아요.

民　浩:不过这枚钻戒只有一克拉。

Bú guò zhè méi zuàn jiè zhǐ yǒu yí kè lā。

하지만 이 다이아몬드 반지는 한 캐럿에 불과해.

希　真:我觉得钻戒的大小不是那么重要,你的这份心意才最可贵,不是
吗?

Wǒ jué de zuàn jiè de dà xiǎo bú shì nà me zhòng yào， nǐ de zhè fèn xīn yì
cái zuì kě guì， bú shì ma？

나는 다이아몬드 반지의 크기가 그렇게 중요하지 않다고 생각해. 당신의
마음이야말로 가장 소중하지. 그렇지 않아?

售货员:说得真好!看来您太太很喜欢这份礼物。

Shuō de zhēn hǎo！ kàn lái nín tài tai hěn xǐ huan zhè fèn lǐ wù。

딱 맞는 말이네요! 부인께서 이 선물을 매우 좋아하시나 봐요.

民　浩:好的,这款看着很普通,其实越看越耐看呢。只要你喜欢,就把它
包起来吧。我这就去结帐。

Hǎo de， zhè kuǎn kàn zhe hěn pǔ tōng， qí shí yuè kàn yuè nài kàn ne
。zhǐ yào nǐ xǐ huan， jiù bǎ tā bāo qǐ lái ba。 wǒ zhè jiù qù jié zhàng。

네, 이게 평범하게 보이지만 사실 아무리 보아도 실증이 않나네요. 당신

만 좋다면 그것을 포장하자. 나는 이제 가서 계산할게.

希　真：你们有售后服务吗？

Nǐ men yǒu shòu hòu fú wù ma ？

애프터서비스가 있나요?

售货员：放心吧，我们终身为您免费护理。您看，这是产品鉴定证书，还有保养说明，请一起收好。如果您在佩戴过程中发现任何质量问题，请与我们联系，我们将及时为您提供帮助。

Fàng xīn ba ， wǒ men zhōng shēn wèi nín miǎn fèi hù lǐ。nín kàn ， zhè shì chǎn pǐn jiàn dìng zhèng shū ， hái yǒu bǎo yǎng shuō míng ， qǐng yì qǐ shōu hǎo。rú guǒ nín zài pèi dài guò chéng zhōng fā xiàn rèn hé zhì liàng wèn tí ， qǐng yǔ wǒ men lián xì ， wǒ men jiāng jí shí wèi nín tí gōng bāng zhù。

걱정하지마세요. 평생 무료 관리해 드리겠습니다. 보세요, 이것은 제품 감정증서입니다. 그리고 수리설명도 있으니 함께 받으세요. 만약 착용하는 과정에서 어떤 품질의 문제가 발견된다면 저희에게 연락 주시면 즉시 도와드리겠습니다.

希　真：谢谢您了！您这里的服务真周到，再见！

Xiè xie nín le ！nín zhè lǐ de fú wù zhēn zhōu dào ， zài jiàn ！

감사합니다! 이곳의 서비스는 정말 세심하네요. 안녕히 계세요!

售货员：不客气！再送您一份精美的结婚纪念卡，祝您二位永远幸福！再见！

Bú kè qi ！zài sòng nín yí fèn jīng měi de jié hūn jì niàn kǎ ， zhù nín èr wèi yǒng yuǎn xìng fú ！zài jiàn ！

천만에요! 아름다운 결혼 기념 카드를 드릴게요. 두 분께서 항상 행복하시길 바랍니다! 안녕히 가세요!

1. 不是——吗？：反问句，强调肯定。提醒注意某种明显的事实，有时略带惊异或不满等语气。

반어문, 긍정을 강조한다. 어떤 명백한 사실에 주의를 상기시킨다. 때때로 약간 놀랍거나 불만과 같은 말투를 가지고 있다.

例句：不是早就跟你说过了吗？

你不是去过那个地方吗？

2. 既然：连词。前一小句提出已成为现实的或已肯定的前提，后一小句推出结论，常与"就、也、还"呼应。

접속사. 앞 절에서는 이미 현실화되었거나 긍정적인 전제를 제시하고, 뒷 절에서는 결론을 내림으로써 "就、也、还"하고 호응하곤 한다.

例句：他既然有病，就好好休息吧。

你既然来了，就一起吃个饭吧。

3. 一点儿也：一点儿，数量词，加上也不（没），表示完全否定，相当于的确、确实。

一点儿, 수량사, 也不 (没) 추가. 완전 부정을 나타내고, 的确、确实과 같다.

例句：那天的事儿，他一点儿也不知道。

这儿的东西，我一点儿也没动。

4. 一----就-----：副词，表示两个动作紧接着发生。

부사. 두 동작이 이어서 발생한다는 것을 나타낸다.

例句：他很聪明,什么事一学就会。

我一下课就去图书馆看书了。

1. 选合适的词语填空

好像 当然 心意 像样 恩爱 周到 特点 物超所值 愿望 耐看

(1) 我从小就有一个_____ ,想当一名医生。

(2) 明天的招聘会很重要,你可一定要穿一套_____的衣服。

(3) 儿子的毕业典礼怎么能不去呢?作为家长,我_____要去。

(4) 他们结婚以后从来不争不吵,是大家公认的一对儿_____小夫妻。

(5) 和其它商品比,这件的工艺最有_____ ,也最好看。

(6) 你今天_____不大高兴?进来以后一直不说话。

(7) 这件商品质量这么好,还不贵,真的是_____。

(8) 好朋友的生日会上,我送了一件小礼物来表达我的_____。

(9) 我是这家酒店的常客,因为他们的服务很_____。

(10) 她的衣服都不是最贵的,但都很_____ ,很有品味。

2. 使用本课学过的语法完成句子。

(1) _____商店已经关门了,再着急也没用了,明天再去买吧。

(2) 他_____毕业_____回国了。

(3) 我_____已经认过错了吗?还不行啊?

（4）_____事情已经这样了，后悔有什么用呢？

（5）他刚_____生病_____告诉妈妈了。

（6）他干什么事儿都慢，再大的事儿他_____不着急。

（7）_____看到美丽的风景，他_____忍不住要拿出相机拍照。

（8）你_____已经买过玩具了吗？怎么还要？

（9）由于上次有了工作经验，这次我_____没害怕。

（10）你怎么_____不小心，又把东西弄坏了。

首饰

장신구

首饰是一种个人装饰品，如项链、戒指、手镯。它通常用宝石或贵金属制作，但也可以是其它材料的。首饰的作用主要包括货币、财富展示、实际功用、象征、保护、艺术展示等。

장신구는 목걸이, 반지, 팔찌와 같은 개인 장신구이다. 그것은 보통 보석이나 귀금속으로 만들어지지만 다른 재료로도 가능하다. 장신구의 역할에는 주로 화폐, 부의 전시, 실제 용도, 상징, 보호, 예술 전시 등이 포함된다.

除了常见的首饰之外，还出现了艺术首饰与时装首饰。高级首饰通常用黄金、白金、黄金与白色金属的合金、铂金、钯金、钛金与白银制作。

흔히 볼 수 있는 장신구 외에 예술 장신구와 패션 장신구도 등장했다. 고급 장신구는 보통 금, 백금, 금 및 백색 금속의 합금, 백금, 팔라듐 합금, 티타늄 금 및 은으로 제작된다.

黄金纯度用K标记。例如，18K含75%黄金。纯银首饰含92.5%白银。

골드 순도는 K로 표시된다. 예를 들어 18K는 75%의 금을 포함한다. 순은 장신구는 92.5%의 백은을 함유하고 있다.

制作首饰的宝石包括钻石、琥珀、紫水晶、祖母绿、玉石、碧玉、石英、黄水晶、红宝石、蓝宝石、绿松石等。

장신구를 만드는 보석은 다이아몬드, 호박, 자수정, 에메랄드, 옥석, 벽옥, 석영, 수정, 루비, 사파이어, 터키석 등이다.

常用词汇
상용어휘

首饰	手镯	胸针	耳环	项链
장신구	팔찌	브로치	귀걸이	목걸이
戒指	玛瑙	合金	琥珀	珊瑚
반지	마노	합금	호박	산호
水晶	钻石	翡翠	珍珠	白金
수정	다이아몬드	비취	진주	백금
红宝石	蓝宝石	红玛瑙	银	
루비	사파이어	커넬리언	은	

第七章
제7장

买化妆品
화장품 구매하기

希真还要买一些化妆品。

희진이는 화장품을 구매해야한다.

生词

参谋 cān móu		[동사]조언하다. 권하다.
面霜 miàn shuāng		[명사]크림.
功效 gōng xiào		[명사]효능. 효과.
保湿 bǎo shī		[동사]보습하다. 습윤을 유지하다.
防皱 fáng zhòu		[동사]주름살을 방지하다.
美白 měi bái		[동사] (피부 치아 등을) 미백하다. 희게 하다.
日霜 rì shuāng		[명사]선크림.
晚霜 wǎn shuāng		[명사]나이트크림.
皮肤 pí fū		[명사]피부.
注重 zhù zhòng		[동사]중시하다.
外表 wài biǎo		[명사] (사람의) 외모. 외관.
护理 hù lǐ		[동사]관리하다.

状态 zhuàng tài		[명사](사람·사물의) 상태.
建议 jiàn yì		[명사, 동사]건의(하다). 제의(하다).
测试 cè shì		[동사]테스트하다. 시험하다.
了解 liǎo jiě		[동사]자세하게 알다. 이해하다. 조사하다.
结果 jié guǒ		[명사]결과.
整体 zhěng tǐ		[명사] (한 집단의) 전부. 전체.
眼周 yǎn zhōu		눈 주위.
细纹 xì wén		[명사]주름.
面部 miàn bù		[명사]안면. 얼굴.
紫外线 zǐ wài xiàn		[명사]자외선.
色斑 sè bān		색소침착.
肉眼 ròu yǎn		[명사]육안. 맨눈.
一般 yì bān		[형용사]보통이다. 일반적이다.
根据 gēn jù		[동사]근거하다. 의거하다. [개사] 근거하면.
补水 bǔ shuǐ		수분 공급.
去皱 qù zhòu		주름을 없애다.
牌子 pái zi		[명사]상표. 브랜드.
满足 mǎn zú		[형용사]만족하다.
面膜 miàn mó		[명사]마스크 팩.
饮食 yǐn shí		[명사]음식.
心情 xīn qíng		[명사]심정. 마음. 기분.
睡眠 shuì mián		[명사, 동사] 수면(하다). 잠(자다).
关系 guān xi		[명사]관계.
补充 bǔ chōng		[동사]보충하다.

足够 zú gòu	[형용사]충족하다. 충분하다.
蛋白质 dàn bái zhì	[명사]단백질.
维生素 wéi shēng sù	[명사]비타민.
防晒 fáng shài	썬 케어. 자외선 차단.
档案 dàng àn	[명사] (공)문서. 서류. 파일.
任何 rèn hé	[대명사]어느. 어떤. 어떠한.
随时 suí shí	[부사]아무 때나. 언제나. 수시로.
咨询 zī xún	[동사]자문하다. 상의하다. 의논하다.

对话

售货员：您好！欢迎光临化妆品店。请问您想买点儿什么？

Nín hǎo！Huān yíng guāng lín huà zhuāng pǐn diàn。Qǐng wèn nín xiǎng mǎi diǎnr shén me？

안녕하세요! 화장품 가게에 오신 것을 환영합니다. 실례합니다만 무엇을 사시길 원하시나요?

希　真：噢，我随便看看，还没有确定要买什么。

ō，wǒ suí biàn kàn kan，hái méi yǒu què dìng yào mǎi shén me。

오, 그냥 구경하고 있어요. 아직 뭘 사야 할지 정하지 못했어요.

售货员：没关系，您慢慢儿看，我可以给您参谋一下。

Méi guān xi，nín màn manr kàn，wǒ kě yǐ gěi nín cān móu yí xià。

괜찮습니다. 천천히 보세요. 제가 조언을 해드릴 수 있어요.

希　真：您这儿面霜种类还挺多的，正好我的面霜快用完了。

Nín zhèr miàn shuāng zhǒng lèi hái tǐng duō de , zhèng hǎo wǒ de miàn shuāng kuài yòng wán le 。

여기에는 크림 종류가 매우 많네요. 마침 제 크림이 거의 다 떨어졌어요.

售货员 : 您想要什么功效的呢？这里有保湿的、有防皱的，也有美白的，有日霜，也有晚霜。

Nín xiǎng yào shén me gōng xiào de ne ？ zhè lǐ yǒu bǎo shī de 、 yǒu fáng zhòu de , yě yǒu měi bái de , yǒu rì shuāng , yě yǒu wǎn shuāng 。

어떤 효능을 원하세요? 여기 보습도 있고, 주름 방지도 있고, 미백도 있고, 선크림도 있고, 나이트 크림도 있어요.

希　真 : 您看我的皮肤适合哪一种呢？

Nín kàn wǒ de pí fū shì hé nǎ yì zhǒng ne ？

제 피부에는 어떤 게 알맞을까요?

售货员 : 只从外表看，您的皮肤还是不错的。看来您平时也很注重护理自己的皮肤哟。

Zhǐ cóng wài biǎo kàn , nín de pí fū hái shì bú cuò de 。 Kàn lái nín píng shí yě hěn zhù zhòng hù lǐ zì jǐ de pí fū yō 。

겉모습만 보더라도 피부는 괜찮으세요. 평소에도 피부 관리에 신경 쓰시나 봐요.

希　真 : 还行吧。但是，前一段时间因为工作太忙，有点累，现在感觉皮肤状态不如以前了，但我也说不清是什么问题。

Hái xíng ba 。 Dàn shì , qián yí duàn shí jiān yīn wèi gōng zuò tài máng , yǒu diǎn lèi , xiàn zài gǎn jué pí fū zhuàng tài bù rú yǐ qián le , dàn wǒ yě shuō bù qīng shì shén me wèn tí 。

괜찮아요. 하지만 전에 일이 너무 바쁘고, 피곤해서 현재 피부 상태가 예전만 못한 것 같은데 저도 무슨 문제인지 잘 모르겠어요.

售货员 : 别着急。要想找到真正适合自己皮肤的产品，我建议您还是先做个皮肤测试吧。我们店里有最先进的皮肤测试仪，您看有时间吗？

Bié zháo jí。 Yào xiǎng zhǎo dào zhēn zhèng shì hé zì jǐ pí fū de chǎn pǐn，wǒ jiàn yì nín hái shì xiān zuò ge pí fū cè shì ba。 Wǒ men diàn lǐ yǒu zuì xiān jìn de pí fū cè shì yí， nín kàn yǒu shí jiān ma？

조급해 하지 마세요. 진짜 본인 피부에 맞는 제품을 찾으려면 피부 테스트를 먼저 해보세요. 저희 매장에는 최첨단 피부 테스트기가 있어요. 시간이 되시나요?

希　真:行啊，今天不太忙，我也正想好好了解一下自己的皮肤。

Xíng ā， jīn tiān bú tài máng， wǒ yě zhèng xiǎng hǎo hǎo liǎo jiě yí xià zì jǐ de pí fū。

좋아요. 오늘은 그다지 바쁘지 않아요. 저도 마침 제 피부를 알아보려고 했어요.

售货员:（测试完以后）从结果来看,您的皮肤状态整体来说还是挺好的，但也有一点儿小问题。比如,皮肤稍有点儿干,眼周这里开始出现小的细纹了,面部也有紫外线色斑,只是肉眼一般看不到。

（ cè shì wán yǐ hòu） Cóng jié guǒ lái kàn， nín de pí fū zhuàng tài zhěng tǐ lái shuō hái shì tǐng hǎo de， dàn yě yǒu yì diǎnr xiǎo wèn tí。 Bǐ rú， pí fū shāo yǒu diǎnr gān， yǎn zhōu zhè lǐ kāi shǐ chū xiàn xiǎo de xì wén le， miàn bù yě yǒu zǐ wài xiàn sè bān， zhǐ shì ròu yǎn yì bān kàn bú dào。

（테스트가 끝난 후）결과를 보니 당신의 피부 상태는 전반적으로 좋지만 작은 문제가 있습니다. 예를 들어 피부가 약간 건조해 눈가에 작은 잔주름이 생기기 시작하고, 얼굴에도 자외선 색소 침착이 있어요. 눈에 보이지 않을 뿐이에요.

希　真:是吗?我还真没看出来。

Shì ma？ wǒ hái zhēn méi kàn chū lai。

정말요? 저는 아직 몰랐어요.

售货员:但是问题不大。根据您的皮肤情况，还有季节的原因，建议您可以用一些有补水、保湿和去皱功能的产品。

Dàn shì wèn tí bú dà 。 Gēn jù nín de pí fū qíng kuàng， hái yǒu jì jié de yuán yīn， jiàn yì nín kě yǐ yòng yì xiē yǒu bǔ shuǐ、 bǎo shī hé qù zhòu gōng néng de chǎn pǐn 。

하지만 문제는 많지 않습니다. 피부 상황, 계절의 원인에 따라 수분, 보습, 주름 제거 기능이 있는 제품들을 사용해 보세요.

希　真 : 我比较喜欢舒丽雅牌子的，您这儿有吗？

Wǒ bǐ jiào xǐ huan shū lì yǎ pái zi de， nín zhèr yǒu ma ？

저는 슈리아 브랜드를 비교적 좋아하는 편인데 여기 있나요?

售货员 : 有。这个牌子的产品种类很多，完全可以满足您的需要。您看这一套，就比较适合您。

yǒu 。 Zhè ge pái zi de chǎn pǐn zhǒng lèi hěn duō， wán quán kě yǐ mǎn zú nín de xū yào 。 Nín kàn zhè yí tào， jiù bǐ jiào shì hé nín 。

있습니다. 이 브랜드의 상품 종류가 많아서 완전히 당신의 필요에 만족합니다. 이 세트가 당신에게 비교적 잘 맞는 것 같습니다.

希　真 : 好的。那么，除了面霜，还有其它能够改善我的皮肤的产品吗？

Hǎo de 。 nà me， chú le miàn shuāng， hái yǒu qí tā néng gòu gǎi shàn wǒ de pí fū de chǎn pǐn ma ？

좋아요. 그럼 크림 말고 제 피부를 개선할 수 있는 다른 제품이 있나요?

售货员 : 如果您再配合使用一些面膜，效果会更好。

Rú guǒ nín zài pèi hé shǐ yòng yì xiē miàn mó， xiào guǒ huì gèng hǎo 。

마스크팩을 함께 사용하면 더 효과적입니다.

希　真 : 您这儿的面膜是膏状的，还是啫喱状的呢？

Nín zhèr de miàn mó shì gāo zhuàng de， hái shì zhě lí zhuàng de ne ？

여기 있는 팩은 크림 타입인가요 아니면 젤 타입인가요?

售货员 : 这两种都有, 不知您喜欢哪种?

Zhè liǎng zhǒng dōu yǒu , bù zhī nín xǐ huan nǎ zhǒng ?

두 가지가 다 있는데 어떤 종류를 좋아하세요?

希 真 : 我不喜欢膏状的, 更喜欢啫喱状的。

Wǒ bù xǐ huan gāo zhuàng de , gèng xǐ huan zhě lí zhuàng de 。

저는 크림 타입이 싫고, 젤 타입이 더 좋아요.

售货员 : 好的。我现在就按您的需要给您拿产品。

Hǎo de 。 wǒ xiàn zài jiù àn nín de xū yào gěi nín ná chǎn pǐn 。

알겠습니다. 지금 요구에 따라 제품을 가져다 드리겠습니다.

希 真 : 那除了用化妆品以外, 在平时都要注意些什么呢?

Nà chú le yòng huà zhuāng pǐn yǐ wài , zài píng shí dōu yào zhù yì xiē shén me ne ?

그럼 화장품 말고 평소에 신경 써야 할 게 어떤게 있나요?

售货员 : 其实, 皮肤的状态和年龄、饮食、心情、睡眠等都有关系, 建议您平时要补充足够的蛋白质和维生素, 不要太劳累, 保证充足的睡眠。还有一点, 要是想减少色斑, 防晒很重要啊!

Qí shí , pí fū de zhuàng tài hé nián líng 、 yǐn shí 、 xīn qíng 、 shuì mián děng dōu yǒu guān xi , jiàn yì nín píng shí yào bǔ chōng zú gòu de dàn bái zhì hé wéi shēng sù , bú yào tài láo lèi , bǎo zhèng chōng zú de shuì mián 。 Hái yǒu yì diǎn , yào shì xiǎng jiǎn shǎo sè bān , fáng shài hěn zhòng yào a !

사실 피부 상태는 나이, 음식, 기분, 수면 등과 관계가 있으므로 평소에 충분한 단백질과 비타민을 보충하고, 너무 과로하지 말고, 충분한 수면을 취하는 것이 좋습니다. 그리고 또 한가지 색소 침착을 줄이려면 자외선 차단이 중요합니다!

希 真 : 谢谢您! 您的建议会对我有很大帮助的。

Xiè xie nín ! Nín de jiàn yì huì duì wǒ yǒu hěn dà bāng zhù de 。

감사합니다! 당신의 제안이 저에게 큰 도움이 됩니다.

售货员：不客气！　凡是在这里做过皮肤检测的顾客，我们都会建立个人皮肤档案。您在使用中有任何问题，随时都可以来这里咨询。

Bú kè qi! Fán shì zài zhè lǐ zuò guò pí fū jiǎn cè de gù kè ，　wǒ men dōu huì jiàn lì gè rén pí fū dàng àn 。 Nín zài shǐ yòng zhōng yǒu rèn hé wèn tí ，　suí shí dōu kě yǐ lái zhè lǐ zī xún 。

천만에요! 여기서 피부 검사를 한 고객이라면 누구나 개인 피부 파일을 만들어요. 이용하시는 데 어떤 문제가 있으면 언제든지 이곳에 문의하실 수 있습니다.

希　真：好的，谢谢您！

Hǎo de ，　xiè xie nín ！

네, 감사합니다!

售货员：欢迎您常来！祝您天天开心哟！再见！

Huān yíng nín cháng lái ！ zhù nín tiān tiān kāi xīn yō ！ zài jiàn ！

자주 오시는 것을 환영합니다! 매일 즐겁기를 바랍니다. 안녕히 가세요!

语法

1. 从---来说、从-----来看：从，介词，表示从某一方面谈问题。

从, 개사. 어떤 방면에서 문제를 나타낸다.

例句：从工作方法上来看，还是存在一些问题的。

　　　从这本小说的内容上来说，中学生看不太合适。

2. 要是：连词，表示假设，用在口语中。

접속사, 가설을 나타내고, 구어로 사용한다.

例句：你要是能来，那该多好啊，

要是明天天气好，咱们上香山玩去。

3、除了......：介词，表示不计在内的意思。常见句式有

개사. 안에 포함함을 고려하지 않음을 나타낸다. 자주쓰는 문장 구조는

"除了……（以外），都/全"，表示排除"除了"以后的事物。

"除了……（以外），都/全"，는 "除了"를 제외한 이후의 사물을 나타냄.

"除了……（以外），还/也/又"，表示"除了"以后的事物也包括在后边所说的

内容范围之内。

"除了……（以外），还/也/又"는"除了"이외에 다른 것이 또 있다는 것을 나타

낸다.

例句：除了面积稍小点儿以外，这套房子都很好。

除了喜欢打篮球以外，他还喜欢唱歌、弹琴。

4. 凡是：副词，表示在一定范围里没有例外。用在主语前边。

부사. 일정 범위에서 예외가 없음을 나타낸다. 주어 앞에 쓴다.

例句：凡是跟他一起工作过的人，都夸他很能干

凡是符合规定条件的，都可以报名参加。

练习

1. 选合适的词语填空

根据 结果 参谋 注重 外表 了解 满足 功效 充足 建议

(1) 有件工作我一直确定不了方案,你最好能帮我_____一下。

(2) 不同的化妆品有不同的_____,要买适合自己的才会有效果。

(3) 为了使自己更健康,越来越多的人们开始_____营养和锻炼了。

(4) 我们选人的原则不只是看他的_____,更主要的是看他的工作经历。

(5) 大家讨论一下,在这个问题上有什么好的_____吗?

(6) 在_____事情的经过之前,我不会发表我的看法。

(7) 这件事已经过去很长时间了,人们希望知道最后的_____是怎样的。

(8) _____你本人的身体状况,医生建议你休息一周。

(9) 多吃蔬菜和水果,才能_____身体对营养的需求。

(10) 每人每天一定要保证_____的睡眠,这样工作起来才会有精神。

2. 使用本课学过的语法完成句子

(1) _____考试成绩来看,他的进步还是很大的。

(2) _____能在家办公就好了,就不用等那么长时间车了。

(3) 除了小美家里有事儿没来_____,其它人_____到了。

(4) 从另一个角度_____,这件事也不是一个坏事。

(5) _____领到优惠卡的,都可以去指定商场购物。

(6) _____去过北京、上海以外,我_____去过其它很多地方。

(7) _____帮助过我的人,我都不会忘记。

(8) 你_____不太忙,我能不能去上门请教一个问题?

(9) _____提高学生的综合水平来说,多阅读是一个最好的办法。

(10) 除了对摄影有兴趣以外,我对广告设计_____有兴趣。

购买化妆品常用词汇
화장품 구매 상용어휘

1、皮肤种类：中性皮肤、干性皮肤、油性皮肤、混合性皮肤、易敏感皮肤

피부종류: 중성피부, 건성피부, 지성피부, 복합성피부, 민감성피부

2、皮肤问题种类：痘痘、皮肤老化、皮肤暗淡、皮肤干燥、斑点、皱纹、缺乏弹性、毛孔、敏感泛红、肤色不均

피부 트러블 종류: 여드름, 피부 노화, 피부가 어둡다, 피부건조, 반점, 주름, 탄력결핍, 모공, 민감성 붉어짐, 피부톤 불균형

3、护肤品种类：卸妆产品、洁面产品、爽肤水、去角质产品、精华、面膜、眼霜、保湿霜、防晒霜

스킨케어 종류: 클렌징 제품, 클렌징 제품, 스킨, 각질 제거 제품, 에센스, 마스크, 아이크림, 수분크림, 선크림

4、化妆产品功效：去痘、去斑、清洁毛孔、美白提亮、补水保湿、清洁毛孔堵塞、去除多余油脂、杀菌、消炎、均匀肤色、抗老、紧致肌肤

메이크업 제품의 효능: 여드름 제거, 잡티 제거, 모공 청소, 미백, 수분 공급, 모공 막힘 제거, 과잉 피지 제거, 살균, 소염, 고른 피부톤, 노화 방지, 피부 탄력

买电器
가전제품 구매하기

第八章

两人在工作人员帮助下，挑选了一些电器。

두 사람은 일하시는 분들의 도움으로 가전제품 골랐다.

生词

家用电器 jiā yòng diàn qì	[명사]가정용 전기 기구.
推荐 tuī jiàn	[동사]추천하다.
国产 guó chǎn	[명사, 형용사]국산(의).
进口 jìn kǒu	[동사]수입하다.
客厅 kè tīng	[명사]응접실. 객실.
卧室 wò shì	[명사]침실.
大多数 dà duō shù	[명사]대다수.
寸 cùn	[양사]촌. 치. [길이의 단위. 1'尺(척)'의 10/1.]
过瘾 guò yǐn	[형용사](만족하여) 기분 좋다. 시원하다. 끝내주다.
分别 fēn bié	[부사]각각. 따로따로.
功能 gōng néng	[명사]기능. 효능.
齐全 qí quán	[형용사]완전히 갖추다. 완비하다.

售价 shòu jià　　　　　　　　　　　　　　　　　　[명사]판매 가격.

屏幕 píng mù　　　　　　　　　　　　　　　　[명사]영사마. 스크린.

曲面屏 qǔ miàn píng　　　　　　　　　　　　플렉시블 스크린.

礼盒 lǐ hé　　　　　　　　　　　　　[명사]선물 상자. 선물 세트.

手柄 shǒu bǐng　　　　　　　　　[명사]손잡이. 조종간. 핸들.

收费 shōu fèi　　　　　　　　　　　　[동사]비용을 받다.

开单 kāi dān

[동사]계산서·영수증 등을 작성하다. (계산서를 작성하여) 청구하다.

畅销 chàng xiāo　　　　　　　　　　[형용사] 판로가 넓다. 잘 팔리다.

变频 biàn pín　　　　　　　[동사]빈도를 바꾸다. 주파수를 변환하다.

滚筒 gǔn tǒng　　　　　　　　　　[명사]실린더. 롤러. 드럼.

涡轮 wō lún　　　　　　　　　　　　　　　　[명사]터빈.

消毒 xiāo dú　　　　　　　　　　　　　[동사]소독하다.

烘干 hōng gān　　　　　　　　　　[동사]말리다. 건조시키다.

潮湿 cháo shī　　　　　[형용사] 축축하다. 눅눅하다. 습하다.

充足 chōng zú　　　　　　　　　　　　[형용사]충분하다.

知己知彼, 百战不殆 zhī jǐ zhī bǐ , bǎi zhàn bú dài

지피지기면 백전백승. 자기편을 알고 상대편을 알면 백 번 싸워도 위태롭지 않다.

除菌 chú jūn　　　　　　　　　　　　　　　　제균.

达标 dá biāo　　　　　　[동사]규정된 기준[요구]에 도달하다.

送货上门 sòng huò shàng mén　　　　　상품 배달. 택배.

安装 ān zhuāng　　　　　　　　　[동사]설치하다. 장치하다.

导购员:欢迎光临!请问两位想买什么?

Huānyíng guānglín!Qǐngwèn liǎngwèi xiǎng mǎi shénme?

어서 오세요! 두 분은 무엇을 사고 싶으신가요?

希 真:您好!我们想买一些家用电器,比如冰箱、电视、洗衣机什么的。

Nín hǎo!Wǒ men xiǎng mǎi yìxiē jiā yòng diàn qì,bǐ rú bīngxiāng、 diànshì、 xǐyījī shénme de。

안녕하세요! 저희는 냉장고, 텔레비전, 세탁기와 같은 가전제품을 사고 싶어요.

民 浩:没错。不过我们刚从韩国来中国,还不是很了解,您有什么推荐的 吗?

Méi cuò。Búguò wǒ men gāng cóng hánguó lái zhōngguó,hái búshì hěn liǎojiě,nín yǒu shénme tuījiàn de ma?

맞아요. 하지만 저희가 한국에서 막 중국에 와서 아직 잘 모르는데 추천 해 주실 수 있으세요?

导购员:您们的中文说得可真好啊!我们这里都是大品牌的产品,有国产 的也有进口的,质量绝对放心。我推荐您们买国产的,价格比较实惠,质 量也非常好。

Nín men de zhōngwén shuō de kě zhēn hǎo a!Wǒ men zhèli dōu shì dà pǐnpái de chǎ pǐn,yǒu guóchǎn de yě yǒu jìnkǒu de,zhìliàng juéduì fàngxīn。 Wǒ tuījiàn nín men mǎi guóchǎn de,jiàgé bǐjiào shíhuì,zhìliàng yě fēicháng hǎo。

중국어를 정말 잘하시네요! 저희는 모두 큰 브랜드의 제품인데 국산도 있 고, 수입도 있어서 품질은 안심하셔도 됩니다. 저는 국산을 사는 것을 추천합니다. 가격이 비교적 실속 있고, 품질도 매우 좋습니다.

希 真:我也想使用中国的产品。您可以给我们介绍一下吗?

Wǒ yě xiǎng shǐyòng zhōngguó de chǎnpǐn。Nín kěyǐ gěi wǒ men jièshào yí xià ma?

저도 중국 제품을 사용하고 싶어요. 저희에게 소개해 주실 수 있나요?

导购员 : 好的。我们先去看看电视，行吗？

Hǎo de。Wǒ men xiān qù kànkan diànshì, xíng ma?

네. 저희 먼저 텔레비전을 보러 갈까요?

希　真 : 可以。

Kěyǐ。

네.

导购员 : 你们想买来放在客厅还是卧室呢？

Nǐ men xiǎng mǎi lái fàng zài kètīng háishì wòshì ne?

거실에 놓을 것을 사시고 싶으신 건가요 아니면 침실에 놓을 것을 사고 싶으신 건가요?

希　真 : 我们想放在客厅。

Wǒ men xiǎng fàng zài kètīng。

저희는 거실에 놓을 것을 사고 싶어요.

导购员 : 现在大多数人都买55寸或者65寸的，您们看看，这是55寸的，这 是65寸的。

Xiànzài dàduōshù rén dōu mǎi 55 cùn huòzhě 65 cùn de, nín men kàn kan, zhè shì 55 cùn de, zhè shì 65 cùn de。

지금 대부분의 사람들이 55인치나 65인치를 삽니다. 보세요. 이것은 55 인치이고, 이것은 65인치입니다.

希　真 : 我觉得55寸就可以了，你觉得呢？

Wǒ juéde 55 cùn jiù kěyǐ le, nǐ juéde ne?

내 생각에는 55인치이면 될 것 같은데, 당신은?

民　浩 : 可是我觉得65寸的看电影比较过瘾。

Kěshì wǒ juéde 65 cùn de kàn diànyǐng bǐjiào guòyǐn。

하지만 65인치는 영화를 보는 데 끝내준다고 생각해.

希　真:请问电视的价格分别是多少呢?

Qǐng wèn diànshì de jiàgé fēnbié shì duōshǎo ne?

실례지만, 텔레비전의 가격은 각각 얼마인가요?

导购员:这两个都是我们店里的最新款,功能都非常齐全,55寸的售价3999元,65寸的4999元。

Zhè liǎng gè dōu shì wǒ men diàn lǐ de zuìxīnkuǎn, gōngnéng dōu fēicháng qíquán, 55 cùn de shòujià 3999 yuán, 65 cùn de 4999 yuán.

이 둘 다 저희 매장의 최신 모델로 기능도 잘 갖추어져 있으며 55인치는 3999위안, 65인치는 4999위안입니다.

民　浩:65寸的也没有贵多少,我们就买65寸的吧!

65 cùn de yě méiyǒu guì duōshǎo, wǒ men jiù mǎi 65 cùn de ba!

65인치도 얼마 안 비싸니까 65인치를 살게요!

导购员:这位先生眼光很好呢,这个电视不仅屏幕大一些,而且还是曲面屏的,现在购买还有礼盒赠送。

Zhè wèi xiānsheng yǎnguāng hěn hǎo ne, zhège diànshì bùjǐn píngmù dà yīxiē, érqiě háishì qǔmiànpíng de, xiànzài gòumǎi hái yǒu lǐhé zèngsòng.

안목이 좋으시네요. 이 텔레비전은 화면이 좀 클 뿐만 아니라 플렉시블 화면입니다. 지금 구매하시면 선물세트도 드립니다.

希　真:礼盒?里面有些什么呢?

Lǐhé? lǐmiàn yǒu xiē shénme ne?

선물 세트요? 안에는 뭐가 들어있나요?

导购员:包含了两个游戏手柄,一个VR眼镜,还有12个月的奇艺app会员哦,可以免费看很多有意思的收费电视剧和电影呢。

Bāohán le liǎng gè yóuxì shǒubǐng, yí gè VR yǎnjìng, háiyǒu 12 gè yuè de qíyì app huìyuán o, kěyǐ miǎnfèi kàn hěn duō yǒu yìsi de shōufèi diànshìjù hé diànyǐng ne.

게임 핸들 두 개, VR안경 하나, 그리고 12개월 app 회원권이 들어있어요. 재미있는 유료 드라마와 영화를 공짜로 볼 수 있어요.

希　真 : 好吧。那我们就买65寸的吧。

　　　　Hǎo ba。Nà wǒ men jiù mǎi 65 cùn de ba。

　　　　좋네요. 그럼 저희는 65인치로 살게요.

导购员 : 好的, 那我给您开单。接下来您们是想先去看冰箱还是先去看洗衣机呢?

　　　　Hǎo de, nà wǒ gěi nín kāidān。 Jiē xiàlái nín men shì xiǎng xiān qù kàn bīngxiāng háishì xiān qù kàn xǐyījī ne ?

　　　　알겠습니다. 그럼 계산서를 드리겠습니다. 다음으로 냉장고를 먼저 보러 가시겠습니까 아니면 세탁기를 먼저 보러 가시겠습니까?

民　浩 : 先看冰箱吧。

　　　　Xiān kàn bīngxiāng ba。

　　　　냉장고를 먼저 보러 갈게요.

导购员 : 冰箱我推荐您们买和尔的。您们想买单开门的还是双开门的?

　　　　Bīngxiāng wǒ tuījiàn nín men mǎi hé ěr de。 Nín men xiǎng mǎi dānkāimén de háishì shuāngkāimén de ?

　　　　냉장고는 和尔을 사는 것을 추천합니다. 단문으로 된 것을 사고 싶나요 아니면 쌍문으로 된 것을 사려고 하나요?

希　真 : 我们就两个人住, 买小一些的就可以了。

　　　　Wǒ men jiù liǎng gè rén zhù , mǎi xiǎo yìxiē de jiù kěyǐ le。

　　　　저희 둘이 살여서 작은 거 사면 돼요.

导购员 : 那您们看看这个冰箱, 这是现在很畅销的一款单门变频冰箱, 非常省电。简约时尚风的外形, 特别适合您们这样的年轻人使用。

　　　　Nà nín men kànkan zhège bīngxiāng, zhè shì xiànzài hěn chàngxiāo de yì kuǎn dānmén biànpín bīngxiāng , fēicháng shěngdiàn。Jiǎnyuē shíshàng fēng de wàixíng , tèbié shìhé nín men zhèyàng de niánqīngrén shǐyòng。

　　　　그럼 이 냉장고를 보세요. 현재 잘 팔리는 단문 주파수 변환 냉장고이고,

전기를 절약할 수 있습니다. 간소하고 유행에 어울리는 외형으로 젊은 층에게 특히 적합 합니다.

希　真：这个看着很不错，多少钱呢？

Zhè ge kànzhe hěn búcuò，　duōshǎo qián ne？

이게 아주 괜찮네요. 얼마인가요?

导购员：1499元。

1499 yuán。

1499위안입니다.

民　浩：也不贵，就这个吧。

Yě bú guì，jiù zhè ge ba。

별로 안 비싸네요. 이걸로 할게요.

希　真：洗衣机在哪儿？我们相信您，您也给推荐一下吧！

Xǐyījī zài nǎr？Wǒ men xiāngxìn nín，　nín yě gěi tuī jiàn yí xià ba！

세탁기는 어디에 있나요? 저희는 당신을 믿고 있으니 추천을 해주세요!

导购员：谢谢您们的信任。请跟我来。和尔的洗衣机也很不错，是中国洗衣机排行榜的第一名。请问你们想买滚筒的还是涡轮的呢？

Xièxie nín men de xìn rèn。Qǐng gēn wǒ lái。Hé ěr de xǐyījī yě hěn búcuò, shì zhōngguó xǐyījī páihángbǎng de dìyīmíng。Qǐng wèn nǐ men xiǎng mǎi gǔntǒng de háishì wōlún de ne?

여러분의 신뢰에 감사드립니다. 따라오세요. 그 세탁기도 좋은데 중국 세탁기가 차트 1위예요. 실례하지만, 여러분은 드럼을 살 건가요 아니면 터빈을 살 건가요?

希　真：滚筒的。

Gǔntǒng de。

드럼이요.

导购员：需要哪些功能呢？比如高温消毒、烘干什么的。

Xūyào nǎxiē gōngnéng ne？Bǐrú gāowēn xiāodú、hōng gān shén me de。

어떤 기능이 필요하신가요? 예를 들어 고온 소독, 건조 하는거나.

希　真 : 我们要买带消毒和烘干功能的，听说中国有个什么雨天气，非常潮湿，衣服非常难晾干对吗？

Wǒ men yào mǎi dài xiāodú hé hōng gān gōngnéng de, tīngshuō zhōngguó yǒu ge shénme yǔ tiānqì, fēicháng cháoshī, yīfu fēicháng nán liànggān duì ma？

소독과 건조기능이 있는 것을 사려고 해요. 듣자하니 중국에 비가 와서 매우 습하고 옷을 건조하기가 매우 힘들다고 하는데 맞나요?

导购员 : 是的，叫做"梅雨天气"，我们南方春季的时候会起南风，非常潮湿。您们做了很充足的准备呀！

Shì de, jiào zuò " méiyǔ tiānqì ", wǒ men nánfāng chūnjì de shíhou huì qǐ nánfēng, fēicháng cháoshī. Nín men zuò le hěn chōngzú de zhǔnbèi ya！

맞아요. "장마 날씨"라고 하는데 남방에서는 봄철에 남풍이 불고, 아주 습해요. 매우 충분한 준비를 하셨어요!

民　浩 : 可不是吗？你们中国人不是说"知己知彼，百战不殆"嘛！

Kě búshì ma？Nǐ men zhōngguórén bú shì shuō ：zhī jǐ zhī bǐ, bǎi zhàn bú dài ma。

물론이죠? 중국인들은 자기편을 알면 백 번 싸워도 위태롭지 않다고 말하지 않나요.

导购员 : 您说话可真有意思。您看看这个洗衣机怎么样？十公斤的变频滚筒洗衣机，不仅刚刚说的那些功能都有，而且使用的是巴氏除菌技术，消毒能力一流。容量也很大，一般的床上用品也能洗。

Nín shuōhuà kě zhēn yǒu yìsi。Nín kànkan zhège xǐyījī zěnmeyàng？Shí gōngjīn de biànpín gǔntǒng xǐyījī, bùjǐn gānggāng shuō de nàxiē gōngnéng dōu yǒu, érqiě shǐyòng de shì bāshìchújūn jìshù, xiāodú nénglì yīliú。Róngliàng yě hěn dà, yìbān de chuángshàngyòngpǐn yě néng xǐ。

정말 재미있게 말씀하시는군요. 이 세탁기는 어떤가요? 10kg짜리 주파수 변환드럼 세탁기는 방금 말한 기능들이 다 있을 뿐만 아니라 저온 제균 기술을 사용하여 소독 능력이 일품입니다. 용량도 커 일반 침구도 세탁이 가능합니다.

民　浩 : 希真你看呢 ?

Xīzhēn nǐ kàn ne ?

희진씨가 보기에는 어때?

希　真 : 我觉得不错, 就这个吧。

Wǒ juéde búcuò , jiù zhè ge ba 。

내가 봐도 괜찮아. 이걸로 사자.

民　浩 : 你喜欢就好。请问这台多少钱 ?

Nǐ xǐhuan jiù hǎo 。 Qǐng wèn zhè tái duōshǎo qián ?

당신이 좋으면 좋아. 실례지만 이 세탁기는 얼마인가요?

导购员 : 2699元。

2699 yuán 。

2699위안입니다.

民　浩 : 我们买了这么多, 能优惠一些吗 ?

Wǒ men mǎi le zhème duō, néng yōu huì yì xiē ma ?

저희가 이렇게 많이 샀는데 좀 할인이 가능할까요?

导购员 : 我们现在有活动, 买满9000元能打九折并且有礼品赠送, 我看看
您们达标没有。

Wǒ men xiànzài yǒu huódòng, mǎi mǎn 9000 yuán néng dǎjiǔzhé bìngqiě
yǒu lǐpǐn zèngsòng, wǒ kànkan nín men dábiāo méiyǒu 。

저희가 지금 이벤트가 있는데 9000위안을 가득 사면 10% 할인을 하고,
선물을 드릴 수 있는데 도달했는지 확인해보겠습니다.

民　浩 : 好的, 谢谢。

Hǎo de , xièxie 。

네 감사합니다.

导购员 : 您们购买的总价是9197元, 达标了呢, 打完折的价格是8277元,
请跟我来选赠品吧。

Nín men gòumǎi de zǒngjià shì 9197 yuán , dá biāo le ne , dǎ wán zhé de jiàgé shì 8277 yuán， qǐng gēn wǒ lái xuǎn zèngpǐn ba。

구매하신 총가는 9197위안이여서 기준에 도달하셨습니다. 할인된 가격은 8277위안입니다.저와 같이 가셔서 사은품을 선택해주세요.

希　真：请问商品我们要怎么带回去呢？

Qǐng wèn shāngpǐn wǒ men yào zěnme dài huíqù ne ？

상품을 저희가 어떻게 가지고 가야 하나요?

导购员：选完赠品后跟我到服务台去，麻烦提供您们的住址、联系电话以及方便安装的时间，我们会安排送货上门的。

Xuǎn wán zèngpǐn hòu gēn wǒ dào fúwùtái qù, máfan tígōng nín men de zhùzhǐ、liánxi diànhuà yǐjí fāngbiàn ānzhuāng de shíjiān, wǒ men huì ānpái sònghuò shàngmén de 。

사은품을 고르신 후 저와 함께 안내 데스크로 가셔서 주소와 연락 전화 및 설치가 편리한 시간을 알려주시면 저희가 배달해 드리겠습니다.

希　真：那么赠品我就要这个吧。

Nàme zèngpǐn wǒ jiù yào zhège ba 。

그럼 사은품은 이거로 할게요.

导购员：好的。现在请跟我到服务台去结账和安排送货上门事宜吧。

Hǎo de。Xiànzài qǐng gēn wǒ dào fúwùtái qù jiézhàng hé ānpái sònghuò shàngmén shìyí ba。

알겠습니다. 지금 안내 데스크로 가셔서 계산하고, 배달 사항을 정해주세요.

希　真：好的。谢谢。

Hǎo de。Xièxie 。

네. 감사합니다.

导购员：不客气。应该的。

Bú kèqi 。Yīnggāi de。

천만에요. 당연한 것이에요.

1. （比如）......什么的：固定格式，虚指，表示不确定的事物。

고정격식, 불특정 지시대명사, 불확실한 사물을 나타낸다.

例句：她很喜欢吃水果，像苹果、梨什么的。

　　　她愿意买什么，就买什么。

　　　我饿了，想吃点什么。

2、 可真好啊：语气副词，表示强调。 어기부사. 강조를 나타낸다.

例句：她待人可好了，谁都喜欢她。

　　　这可帮大忙了。

　　　你可来了，我等了好久啊！

3、 ......可以：好，不坏，过得去 좋다. 나쁘지 않다. 지나갈 수 있다.

例句：这篇文章写得还可以。

　　　30元钱就可以。

　　　她来就可以了。

4、 比较过瘾：副词，表示具有一定程度。

부사. 어느 정도가 있음을 나타낸다.

例句：这篇文章写得比较好

　　　我比较喜欢黑色。

　　　这对耳环比较适合你。

5、 没有贵多少 : 没有+（比……）+adj.+多少, 主观比较的结果。

没有+（比;……）+adj.+多少, 주관적 비교의 결과.

例句 : 别骂孩子了, 也没有比以前的成绩差多少, 他会努力的。

这条裤子又没有小多少, 你怎么就穿不下呢?

你总说范冰冰比李冰冰漂亮, 我看也没有漂亮多少。

6、 ……就…… : 表示在某种条件或情况下自然怎么样。

어떤 조건이나 상황에서 저절로 어떤한지를 나타낸다.

例子 : 如果他不来, 我就去找他。

只要用功, 就能学好。

谁愿意去, 就谁去。

7、 以及 : 连词, 连接并列的词或词组（"以及" 前面往往是主要的）。

접속사. 병렬로 연결된 단어 또는 구("以及" 앞이 늘 주요하다).

例句 : 院子里种着大丽花、夹竹桃以及其他的花木。

这里种植麦子、高粱、玉米、棉花以及其他大田作物。

康乐宫内设有游艺室、健身房、保龄球场以及游泳池等。

1. 择合适的词语填空。

推荐　质量　卧室　礼盒　涡轮　消毒　充足　达标　送货上门　安装

（1）今天购买的话有＿＿＿＿＿＿赠送哦！

（2）这次的成绩＿＿＿＿＿＿了。

（3）光便宜不行，＿＿＿＿＿＿也要好一点。

（4）我们还是等专业人员来＿＿＿＿＿＿吧。

（5）有伤口的话要用碘伏＿＿＿＿＿＿。

（6）这几部都是老师＿＿＿＿＿＿的电影。

（7）＿＿＿＿＿＿洗衣机最大的好处就是对衣服的伤害比较小。

（8）现在很多商店都提供＿＿＿＿＿＿的服务。

（9）不准在＿＿＿＿＿＿里吃零食。

（10）经过周密的安排，＿＿＿＿＿＿的物资在第一时间被送达灾区。

2. 使用本课学过的语法完成句子。

（1）你能按时完成＿＿＿＿＿＿行。

（2）燕子、大雁＿＿＿＿＿＿丹顶鹤都属于候鸟。

（3）这部电影和那部比起来也＿＿＿＿＿＿好看＿＿＿＿＿＿，你怎么就只
爱这部呢？

（4）这部电影的内涵＿＿＿＿＿＿深。

（5）燕子、大雁、丹顶鹤＿＿＿＿＿＿都属于候鸟。

（6）这次考试＿＿＿＿＿＿难了。

(7) 你能按时完成就_____了。

(8) 这次的传染病_____厉害，大家要做好防护。

(9) 这河里的水_____真干净啊！

(10) 蔬菜里我最喜欢茄子啊豆角啊_____的了。

家用电器名称大全
가전제품명 대전

空调 에어컨	电视机 텔레비전	电脑 컴퓨터	电风扇 선풍기	电冰箱 냉장고
DVD机 DVD플레이어	VCD机 VCD플레이어	录像机 비디오 테이프 리코더	影碟机 VCD 플레이어	卡拉OK机 노래방 기계
电饭煲 전기밥솥	电磁炉 전자레인지	电炒锅 전기 프라이팬	电烤箱 전기오븐	电咖啡壶 전기커피포트
咖啡机 커피메이커	电水壶 전기주전자	电热杯 전기	电子瓦撑(炖品用的) 전자와기(찜용)	微波炉 전자레인지
光波炉 광파 오븐	榨汁机 착즙기	豆浆机 두유 제조기	冰淇淋机 아이스크림 제조기	消毒柜 소독기
电火锅 전기 전골 냄비	搅拌机 믹서	酸奶机 요구르트 제조기	多士炉 토스터	电烤箱 전기 오븐
面包机 제빵기	打蛋机 할란기	三明治炉 샌드위치 제조기	抽油烟机 레인지후드	排气扇 환풍기
电炉 전기난로	电热水器 전기온수기	电热毯 전기담요		

第九章
第9장

买电脑
컴퓨터 구매하기

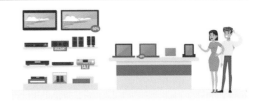

为了工作，民浩要买一台电脑。

일을 위해 민호는 컴퓨터 한대를 구매하려고 한다.

生词

系列 xì liè	[명사]계열. 연속. 시리즈.
搞活动 gǎo huó dòng	행사를 하다.
高端 gāo duān	[형용사]고차원의. 첨단의.
电竞 diàn jìng	e스포츠. 전자 운동 경기.
专业 zhuān yè	[명사]전공. 전문 분야.
玩家 wán jiā	[명사]게이머.
配置 pèi zhì	[동사] 배치하다. 장착하다. [명사]옵션.
款 kuǎn	[명사]양식. 스타일. 디자인.
台式机 tái shì jī	데스크톱.
性能 xìng néng	[명사]성능.
笔记本 bǐ jì běn	[명사]노트.
携带 xié dài	[동사]휴대하다.

偶尔 ǒu ěr		[부사]때때로. 간혹. 이따금.
放松 fàng sōng		[동사]느슨하게 하다. 정신적 긴장을 풀다.
足够 zú gòu	[동사]족하게 되다. 충분하게 되다.	[형용사]충족하다. 충분하다.
火爆 huǒ bào		[형용사] 왕성하다. 뜨겁다.
性价比 xìng jià bǐ		가격 대비 성능. 가성비.
处理器 chǔ lǐ qì		중앙 처리 장치(CPU).
型号 xíng hào		[명사]모델. 사이즈.
内存 nèi cún		[명사]메모리 용량.
独立 dú lì		[동사]혼자의 힘으로 하다. 독자적으로 하다.
显卡 xiǎn kǎ		[명사]그래픽카드.
硬盘 yìng pán		[명사](컴퓨터의) 하드 디스크.
容量 róng liàng		[명사]용량.
散热 sàn rè		[명사, 동사]산열(하다).
辅助 fǔ zhù		[형용사]보조적인. 보충하는.
瞄准 miáo zhǔn		[동사]조준하다. 겨누다.
敌人 dí rén		[명사]적.
佼佼者 jiǎo jiǎo zhě		[명사]출중한 사람. 걸출한 인물.
镁合金 měi hé jīn		마그네슘 합금.
屏幕 píng mù		[명사](모니터의) 스크린.
英寸 yīng cùn		[양사]인치.
全高清 quán gāo qīng		초 고화질.
操作系统 cāo zuò xì tǒng		운영 체제.
正版 zhèng bǎn		[명사]정품. 정식 판본.
软件 ruǎn jiàn		[명사](컴퓨터의) 소프트웨어.

促销 cù xiāo	[동사]판매를 촉진시키다.
无线鼠标 wú xiàn shǔ biāo	무선 마우스.
划算 huá suàn	[동사]계산하다. 타산하다. 수지가 맞다.
售后服务 shòu hòu fú wù	[명사]애프터서비스.
维修 wéi xiū	[동사](기계 따위를) 간수 수리하다. 보수하다.
升级 shēng jí	[동사] (품질 따위가) 향상되다. 업그레이드하다.
详细信息 xiáng xì xìn xī	상세 정보.
付款凭证 fù kuǎn píng zhèng	보증서.
发票 fā piào	[명사]영수증.
解决 jiě jué	[동사]해결하다.

对话

导购员:欢迎光临！
Huānyíng guānglín！
어서 오세요!

民　浩:您好,我想买一台电脑。
Nín hǎo, wǒ xiǎng mǎi yì tái diàn nǎo。
안녕하세요, 컴퓨터를 한대를 사려고 해요.

导购员:您想了解什么牌子的电脑呢?
Nín xiǎng liǎojiě shénme páizi de diànnǎo ne?
어떤 브랜드의 컴퓨터를 알고 싶으세요?

民　浩:我的朋友推荐了一个叫做 "太空人" 的系列,说是非常不错的,可以先带我去看看吗?

Wǒ de péngyou tuījiàn le yíge jiàozuò "TàiKōngRén" de xìliè, shuō shì fēicháng búcuò de, kěyǐ xiān dài wǒ qù kànkan ma?

제 친구가 "우주인"이라는 계열을 추천해 주며 아주 괜찮다고 해서, 먼저 데려가서 보여주시겠어요?

导购员 : 好的。最近中硕的电脑在搞活动,您有兴趣了解一下吗?

Hǎo de。Zuìjìn ZhōngShuò de diànnǎo zài gǎo huódòng, nín yǒu xìngqu liǎojiě yíxià ma?

좋아요. 요즘 중석의 컴퓨터가 행사를 하고 있는데, 관심이 있으세요?

民　浩 : 我还是先去看看我刚刚说的那个吧!

Wǒ háishì xiān qù kànkan wǒ gānggāng shuō de nàge ba!

저는 제가 방금 말한 것을 먼저 보러 가는 게 좋겠어요!

导购员 : 没问题。您说的"太空人"电脑是拜尔电脑的一个高端系列,非常适合打游戏,很多电竞的专业玩家都选择这一个系列呢!请跟我来。

Méi wèntí。Nín shuō de "TàiKōngRén" diànnǎo shì Bàiěr diànnǎo de yíge gāoduān xìliè, fēicháng shìhé dǎ yóuxì, hěn duō diànjìng de zhuānyè wánjiā dōu xuǎnzé zhè yíge xìliè ne! Qǐng gēn wǒ lái。

문제없습니다. 말씀하신 "우주인" 컴퓨터는 바이어 컴퓨터의 고차원 라인으로 게임에 아주 적합하고, 많은 e스포츠 게이머가 이 시리즈를 선택합니다! 저를 따라오세요.

民　浩 : 啊......原来如此。

ā ······ yuánláirúcǐ。

아......그렇군요.

导购员 : 这里就是"太空人"专区,您买电脑的主要用途是什么呢?如果您是买来玩游戏的,台式机的性能会更高一些。当然笔记本的性能也非常好,携带也更加方便。

Zhèlǐ jiùshì "TàiKōngRén" zhuānqū, nín mǎi diànnǎo de zhǔyào yòngtú shì shénme ne? Rúguǒ nín shì mǎi lái wán yóuxì de, táishìjī de xìngnéng huì gèng gāo yìxiē. Dāngrán bǐjìběn de xìngnéng yě fēicháng hǎo, xié dài yě gèng jiā fāng biàn.

여기가 바로 "우주인"전용 구역입니다. 컴퓨터를 사는 주요 용도는 무엇인가요? 만약 당신이 게임을 하기 위해 산다면 데스크탑 컴퓨터의 성능이 조금 더 높을 것입니다. 물론 노트북의 성능도 좋고, 휴대도 더 편합니다.

民　浩:我游戏玩得不多,主要是工作上使用。不过偶尔放松也会玩玩游戏,笔记本应该足够了。这台白色的很酷,能给我介绍一下吗?

Wǒ yóuxì wán de bù duō, zhǔyào shì gōngzuò shí shǐyòng. Búguò ǒuěr fàngsōng yě huì wánwan yóuxì, bǐjìběn yīnggāi zúgòu le. Zhè tái báisè de hěnkù, néng gěi wǒ jièshào yíxià ma?

저는 게임을 많이 하지 않고, 주로 일에 사용합니다. 하지만 가끔 긴장을 풀고 게임도 할 수 있으니 노트북으로 충분할 것 같아요. 이 흰색 노트북이 멋있는데 소개 좀 해주시겠어요?

导购员:您怎么这么会选?这是现在非常火爆的一款产品,同样配置里的性价比是最高的。它配置的处理器型号是i7-9750H、16G的内存、6G的独立显卡还有1TB的硬盘容量,散热设计也非常好。除了超高的配置之外,它还内置了"眼动追踪技术",可以辅助你在游戏中瞄准敌人,是"游戏本"中的"佼佼者"。而且它还是由超轻悍镁合金打造的超薄机身,厚度才17.9mm,在这个配置里,找不到更轻便的笔记本电脑了。

Nín zěnme zhème huì xuǎn? Zhè shì xiànzài fēicháng huǒbào de yì kuǎn chǎnpǐn, tóngyàng pèizhì lǐ de xìngjiàbǐ shì zuìgāo de. Tā pèizhì de chǔlǐqì xínghào shì i7-9750H、16G de nèicún、6G de dúlì xiǎnkǎ háiyǒu 1TB de yìngpán róngliàng, sànrè shèjì yě fēicháng hǎo. Chú le chāo gāo de pèizhì zhīwài, tā hái nèizhì le "yǎn dòng zhuī zōng jì shù", kěyǐ fǔzhù nǐ zài yóuxì zhōng miáozhǔn dírén, shì "yóuxìběn" zhōng de "jiǎo jiǎo zhě". érqiě tā háishì yóu chāoqīng hànměihéjīn dǎzào de chāobáo jīshēn, hòudù cái 17.9mm, zài zhège pèizhì lǐ, zhǎo búdào gèng qīngbiàn de bǐjìběn diànnǎo le.

어떻게 이렇게 선택을 잘 하셨나요? 현재 가장 핫한 제품 중 하나입니다. 같은 사양안에서 가성비가 가장 높습니다. 그 사양에 중앙 처리 장치 사이즈는 i7-9750H, 16G 메모리, 6G의 그래픽카드가 독자적으로 있고, 게다가 1TB의 하드 드라이브 용량을 갖추고 있으며, 산열 설계도 매우 좋습니다. 높은 사양 외에도 게임중에 적을 겨냥할 수 있도록 도와주는 "안구추적기술"을 내장하고 있어 "게임노트북"의 "출중한 인물"입니다. 초경량 마그네슘 합금으로 만든 슬림한 동체는 두께가 17.9mm에 불과해 이 사양에서 더 가벼운 노트북을 찾을 수 없습니다.

民　浩 : 确实很不错，它的屏幕是多大的呢？

Quèshí hěn búcuò, tā de píngmù shì duō dà de ne?

확실히 괜찮네요. 스크린은 얼마나 클까요?

导购员 : 是15.6英寸的全高清屏幕。

Shì 15.6 yīngcùn de quán gāoqīng píngmù。

15.6인치 초 고화질 스크린입니다.

民　浩 : 操作系统呢？

Cāozuò xìtǒng ne?

운영체제는요?

导购员 : Windows10系统。买这款电脑的话，就可以免费安装正版的 Office软件，也非常适合您工作使用呢。

Windows10 xì tǒng。Mǎi zhè kuǎn diànnǎo dehuà, jiù kěyǐ miǎnfèi ānzhuāng zhèngbǎn de Office ruǎnjiàn, yě fēicháng shìhé nín gōngzuò shǐyòng ne。

Windows 10 시스템입니다. 이 컴퓨터를 구입하시면 정식 Office 소프트웨어를 무료로 설치할 수 있으며 작업하시기에 매우 적합합니다.

民　浩 : 这台电脑多少钱呢？

Zhè tái diànnǎo duōshǎo qián ne?

이 컴퓨터는 얼마인가요?

导购员 : 现在的价格很优惠 , 16999元。

Xiànzài de jiàgé hěn yōuhuì , 16999 yuán 。

현재 가격이 많이 할인하고 있어서 16999위안입니다.

民　浩 : 这么贵还说很优惠?

Zhème guì háishuō hěn yōuhuì?

이렇게 비싼데 많은 할인을 한거라고요?

导购员 : 它的配置很高啊 , 本来是卖17999元的 , 现在是品牌促销才降价的。而且现在还送同品牌的价值600元无线鼠标 , 非常划算。

Tā de pèizhì hěn gāo a, běnlái shì mài 17999 yuán de, xiànzài shì pǐnpái cùxiāo cái jiàng jià de。érqiě xiànzài hái sòng tóng pǐnpái de jiàzhí 600 yuán wúxiàn shǔbiāo, fēicháng huásuàn。

성능이 엄청 높아요. 원래 17999위안에 팔았는데 브랜드 세일을 해서 가격을 내린 것입니다. 게다가 지금은 600위안인 무선마우스를 제공해서 매우 수지가 맞습니다.

民　浩 : 这台电脑什么都好 , 就是太贵了。

Zhè tái diànnǎo shénme dōu hǎo, jiùshì tài guì le。

이 컴퓨터는 다 좋은데 너무 비싸네요.

导购员 : "太空人" 系列价格都差不多 , 这一款是性价比最高的了。不过您说您并不经常玩游戏 , 不买专业的游戏本也可以。

"TàiKōngRén" xìliè jiàgé dōu chàbuduō, zhè yì kuǎn shì xìngjiàbǐ zuì gāo de le。Búguò nín shuō nín bìng bù jīngcháng wán yóuxì, bù mǎi zhuānyè de yóuxìběn yě kěyǐ。

"우주인"시리즈는 모두 가격이 비슷했는데 이 모델은 가격 대비 최고 입니다. 하지만 게임을 많이 하지는 않으신다고 하시니 전문적인 게임 노트북을 사지 않으셔도 됩니다.

民　浩 : 我真的不太了解 , 您推荐一下吧。

Wǒ zhēnde bú tài liǎojiě, nín tuījiàn yíxià ba.

저는 정말 잘 모르니 추천 좀 해주세요.

导购员 : 我个人比较推荐拜尔电脑的 "灵越" 系列。比如这款 "灵越5000" ，配置的处理器型号是i5-10210U、8G的内存、2G的独立显卡还有1TB的硬盘容量，14英寸的全高清屏幕，非常轻薄。只要不玩大型网络游戏，偶尔玩游戏也是足够的。售价是5699元，现在还送电脑包，您觉得怎么样？

Wǒ gèrén bǐjiào tuījiàn Bàiěr diànnǎo de " LíngYuè " xìliè. Bǐrú zhè kuǎn " LíngYuè 5000 ", pèizhì de chǔlǐqì xínghào shì i5-10210U、8G de nèicún、2G de dúlì xiǎnkǎ háiyǒu 1TB de yìngpán róngliàng, 14 yīngcùn de quán gāoqīng píngmù, fēicháng qīngbáo. Zhǐyào bù wán dàxíng wǎngluò yóuxì, ǒuěr wán yóuxì yě shì zúgòu de. Shòujià shì 5699 yuán, xiànzài hái sòng diànnǎobāo, nín juéde zěnmeyàng?

저는 개인적으로 바이어 컴퓨터의 "灵越" 시리즈를 추천합니다. 예를 들어 "灵越 5000"의 경우 사양에 중앙 처리 장치 사이즈는 i5-10210U, 8G의 메모리, 2G의 독립형 그래픽카드와 1TB의 하드디스크 용량, 14인치 초 고화질 스크린으로 매우 얇습니다. 대형 온라인 게임만 하지 않는다면 가끔 게임을 하는 것도 충분합니다. 가격은 5699위안인데 컴퓨터 커버도 드립니다. 어떠신가요?

民　浩 : 果然 "太空人" 系列好很多呢。我偶尔还是想和韩国的朋友一起玩玩游戏的。

Guǒrán "TàiKōngRén" xìliè hǎo hěn duō ne. Wǒ ǒuěr háishì xiǎng hé hánguó de péngyou yìqǐ wánwan yóuxì de.

역시 "우주인"시리즈가 좋은게 많네요. 저는 가끔 한국 친구들과 함께 게임을 하고 싶어요.

导购员 : 这个确实是的。那么您好好考虑。

Zhège quèshí shì de. Nàme nín hǎohǎo kǎolǜ.

이건 확실해요. 그럼 잘 생각해 보세요.

民　浩 : 电脑的售后服务怎么样？

Diànnǎo de shòuhòu fúwù zěnmeyàng?

컴퓨터의 애프터서비스는 어떻습니까?

导购员 : "太空人" 系列是三年的 "全智服务"，包括全天24小时电话和在线咨询，上门硬件维修以及全面的软件支持；"灵越" 系列是2年保修服务，服务时间是基本营业时间，也就是周一到周五的工作时间，不过也可以加费用升级到24小时服务；维修方式是自行到维修点送修。您想好了买哪一种的话，我会把详细信息发送到您的邮箱里的。

"TàiKōngRén " xìliè shì sān nián de " quánzhì fúwù", bāokuò quántiān 24 xiǎoshí diànhuà hé zàixiàn zīxún, shàngmén yìngjiàn wéixiū yǐjí quánmiàn de ruǎnjiàn zhīchí; "LíngYuè " xìliè shì 2 nián bǎoxiū fúwù, fúwù shíjiān shì jīběn yíngyè shíjiān, yě jiùshì zhōuyī dào zhōuwǔ de gōngzuò shíjiān, búguò yě kěyǐ jiā fèiyòng shēngjí dào 24 xiǎoshí fúwù; wéixiū fāngshì shì zìxíng dào wéixiūdiǎn sòng xiū。Nín xiǎng hǎo le mǎi nǎ yì zhǒng de huà, wǒ huì bǎ xiángxì xìnxī fāsòng dào nín de yóuxiāng lǐ de。

"우주인"시리즈는 3년간의"전지 서비스"로 하루 24시간 전화와 온라인 상담, 방문 하드웨어 보수 및 전반적인 소프트웨어 지원이 포함됩니다. "灵越"시리즈는 2년 보증 서비스이며 서비스 기간은 기본 영업 시간입니다. 하지만 비용을 더 들여 24시간 서비스로 업그레이드할 수도 있고, 수리는 자체적으로 수리점으로 보내는 방식입니다. 어떤 것을 살 것인지 생각하셨다면 자세한 정보를 이메일로 보내드리겠습니다.

民　浩 : 我想好了，我还是买这台 "太空人" 吧。还能再优惠一点吗？

Wǒ xiǎng hǎo le, wǒ háishì mǎi zhè tái "TàiKōngRén " ba。Hái néng zài yōuhuì yìdiǎn ma?

저는 "우주인"을 사는 것이 좋겠어요. 조금 더 할인해 주실 수 있나요?

导购员 : 价钱是真的不能再优惠了，您看我帮您申请再送一个798元的同系列的电脑背包怎么样？

Jiàqián shì zhēnde bù néng zài yōuhuì le, nín kàn wǒ bāng nín shēnqǐng zài sòng yí gè 798 yuán de tóng xìliè de diànnǎo bēibāo zěnmeyàng?

가격은 정말 더 이상 할인이 안 되는데 제가 798원짜리 같은 시리즈의 컴퓨터 가방을 하나 더 보내달라고 신청하는건 어떠신가요?

民　浩：好吧，很感谢您。我去哪里付钱呢？付完钱什么时候可以拿到电脑呢？

Hǎo ba, hěn gǎnxiè nín。Wǒ qù nǎlǐ fù qián ne? Fù wán qián shénme shíhou kěyǐ ná dào diànnǎo ne?

좋아요. 대단히 감사합니다. 제가 어디서 결제하나요? 결제하고 나면 언제 컴퓨터를 받을 수 있을까요?

导购员：请您跟我到收银台付款。然后拿着付款凭证和发票到最里面的工程师那里，他们会给您全新的电脑，您有什么问题都可以咨询他们，他们会给您解决的。

Qǐng nín gēn wǒ dào shōuyíntái fùkuǎn。Ránhòu ná zhe fùkuǎn píngzhèng hé fāpiào dào zuì lǐmiàn de gōngchéngshī nàlǐ, tā men huì gěi nín quánxīn de diànnǎo, nín yǒu shénme wèntí dōu kěyǐ zīxún tā men, tā men huì gěi nín jiějué de。

계산대에서 계산하면 됩니다. 지불증서와 영수증을 가지고 가장 안쪽에 있는 엔지니어에게 가면 완전히 새로운 컴퓨터를 줄 것입니다. 어떤 문제라도 모두 문의할 수 있고, 그들이 해결해 줄 것입니다.

民　浩：可以刷信用卡吗？

Kěyǐ shuā xìnyòngkǎ ma?

신용카드로 결제가 가능한가요?

导购员：可以的，您在这里付完款往这个方向直走就能看见工程师中心了。

Kěyǐ de, nǐn zài zhèlǐ fù wán kuǎn wǎng zhège fāngxiàng zhí zǒu jiù néng kànjiàn gōngchéngshī zhōngxīn le。

가능합니다. 여기서 지불하고 이 방향으로 곧장 가시면 엔지니어 센터가 보일 겁니다.

民　浩 : **好的，谢谢您。**

> Hǎo de, xièxie nín。
>
> 네 감사합니다.

导购员 : **不客气的。**

> Bú kèqi de。
>
> 천만에요.

语法

1. 还是…… : 副词，表示希望，含有 "这么办比较好" 的意思。

부사, 희망을 나타내며"이렇게 하는 것이 비교적 좋다"라는 의미를 담고 있다.

例句 : 天气凉了，还是多穿一点儿吧。

你还是早点起床吧。

还是买贵一点儿的吧，质量好。

2. 怎么这么…… : 通过反问的句式，表达更加肯定的语气，用于口语。

반어의 문장구조 통해 보다 긍정적인 어투를 나타내고, 구어에 사용한다.

例句 : 你怎么这么会说话？

你怎么这么会偷懒？

你怎么这么不听话？

3. 确实…… : 副词，对客观情况的真实性表示肯定。

부사, 객관적인 상황의 진실성에 대해 긍정을 나타낸다.

例句：她最近确实有些进步。

这件事确实不是他干的。

我确实喜欢他。

4. 本来是……：时间副词，原先，先前。 시간부사, 원래, 이전.

例句：他本来身体很瘦弱，现在很结实了。

我本来不知道，到了这里才知道的。

他本来会说一些中文，太久没说，现在都忘了。

5. 果然……：语气副词，表示事实与所说或所料相符。

어기부사, 사실이 말하거나 예상했던 것과 일치하는 것을 나타낸다.

例句：果然名不虚传。

他说要下雪，果然下雪了。

你果然喜欢他。

6. 那么……：连词，表示顺着上文的语意，说出应有的结果或作出判断。

접속사, 윗글의 의미를 따라, 합당한 결과를 말하거나 판단을 내리는 것을 나타낸다.

例句：这样做既然不行，那么你打算怎么办呢？

如果你认为可以这么办，那么咱们就赶紧去办吧。

如果坚持每天说汉语，那么你的汉语一定会有很大的进步的。

7. 往……：介词，表示动作的方向。 개사, 동작의 방향을 나타낸다.

例句：这趟车开往上海。

往外走。

你往我这来。

1. 择合适的词语填空。

搞活动 高端 款 携带 放松 性价比 佼佼者 屏幕 划算 发票

(1)打完折的价格很_____。

(2)这是我们公司的_____产品。

(3)电影院的巨幕影厅_____超级大。

(4)紧张学习的同时也要注意_____,这样才能更好地学习。

(5)这家店经常_____,东西很便宜。

(6)看了这么多,还是这台冰箱的_____最高。

(7)买东西的时候记得和商家要_____。

(8)出入境的时候,不允许随身_____大量的现金。

(9)你要继续加油,努力成为班里的_____。

(10)这_____产品现在最受欢迎。

2. 使用本课学过的语法完成句子。

(1)你_____不懂事?爸爸妈妈工作那么辛苦你就光想着玩。

(2)我不敢玩过山车,我们_____去玩别的吧。

(3) 小李_____没有迟到, 你别冤枉了他。

(4) 再_____右边移一点儿就对齐了。

(5) 我_____就说不去的, 你非要我去。

(6) 这束花_____是送给她的。

(7) 既然你这么不喜欢呆在这, _____我们就走吧。

(8) 就算你对我再好, 我_____想回自己的家。

(9) 她_____得了第一名, 我没猜错吧。

(10) 别_____我这寄口罩了, 我有很多。

电脑的硬件组成
컴퓨터의 하드웨어 구성

一个完整的计算机系统, 是由硬件系统和软件系统两大部分组成的。
하나의 완전한 컴퓨터 시스템은 하드웨어 시스템과 소프트웨어 시스템의 두 부분
으로 구성된다.

所谓硬件, 就是用手能摸得着的实物, 一台电脑一般有:
하드웨어란 손으로 만질 수 있는 실물로 컴퓨터 한 대에는 일반적으로 다음이 있다.

1、主机: 主机从外观看是一个整体, 但打开机箱后, 会发现它的内部由多种
独立的部件组合而成。

본체: 본체는 외관이 하나의 전체이지만 케이스를 열면 그 내부가 다양한 독립된 부품들로 조합되어 있음을 알게 될 것이다.

下面介绍一下电脑主机的各个部件：

다음은 컴퓨터 본체의 각 부품에 대해 설명한다.

(1) 电源。 전원.

(2) 主板。 메인보드.

(3) CPU。 CPU.

(4) 内存。 메모리.

(5) 硬盘。 하드 드라이버.

(6) 声卡。 사운드카드.

(7) 显卡。 그래픽카드.

(8) 调制解调器。 모뎀.

(9) 网卡。 랜 카드.

(10) 软驱。 플로피 디스크 드라이버.

(11) 光驱。 시디롬 드라이버.

2、显示器 : 显示器有大有小 , 有薄有厚 , 品种多样。

모니터 : 모니터는 크고 작고, 얇고, 두껍고, 종류가 다양하다.

3、键盘。 키보드.

4、鼠标。 마우스.

5、音箱。 스피커.

6、打印机。 프린터.

7、摄像头、扫描仪、数码像机等设备。 캠, 스캐너, 디지털 캠코더 등 설비.

第十章 제10장

买手机
핸드폰 구매하기

现代社会手机必不可少，两人到手机店买手机。

현대 사회에서 휴대전화는 필수이다. 두 사람은 핸드폰을 사러 핸드폰 가게에 도착했다.

生词

顺便 shùn biàn	[부사]…하는 김에.
办理 bàn lǐ	[동사]처리하다. 수속하다.
实惠 shí huì	[형용사]실속이 있다. 실용적이다.
套餐 tào cān	[명사]세트 메뉴. 세트 음식.
看中 kàn zhòng	[동사]마음에 들다. 보고 정하다.
商务 shāng wù	[명사]상무. 상업상의 용무.
人士 rén shì	[명사]인사. 명망 있는 사람.
口音 kǒu yīn	[명사]구음. 입소리.
过奖 guò jiǎng	[동사]과찬이다. 칭찬이 너무 지나치다.
强大 qiáng dà	[형용사]강대하다.
假期 jià qī	[명사]휴가 기간. 방학 기간.

视频 shì pín	[명사]동영상.
话费 huà fèi	[명사]통화 요금.
热销 rè xiāo	[동사](상품이) 잘 팔리다. 빨리 팔리다.
裸机 luǒ jī	[명사] (핸드폰) 공기계.
绝对 jué duì	[부사]절대. 완전히. 반드시.
正品 zhèng pǐn	[명사]정품. 합격품.
保证 bǎo zhèng	[동사]담보하다. 보증하다.
返还 fǎn huán	[동사]되돌려주다. 반환하다.
看不上 kàn bú shàng	[형용사]눈에 차지 않다. 마음에 들지 않다.
过时 guò shí	[형용사] 시대에 뒤떨어지다. 유행이 지나다.
落后 luò hòu	[동사]낙오하다. 뒤떨어지다.
柜台 guì tái	[명사]계산대. 카운터.
开户 kāi hù	[동사]계좌를 개설하다.
身份证 shēn fèn zhèng	[명사]신분증.
麻烦 má fan	[형용사] (일이) 번거롭다. 성가시다. 귀찮다.
享受 xiǎng shòu	[동사]누리다. 향유하다.
用户 yòng hù	[명사]사용자. 소비자. 가입자.
流量 liú liàng	[명사]유량. 유동량.
通话 tōng huà	[동사]통화하다.
短信 duǎn xìn	[명사]메시지.
月租 yuè zū	월임대.
激活 jī huó	[동사]활성화하다.
下载 xià zǎi	[동사]다운로드하다.
应用 yìng yòng	[동사]사용하다. 쓰다.

注册 zhù cè   [동사] (관련 기관·단체·학교 등에) 등기하다. 등록하다.

账号 zhàng hào   [명사] 계좌번호.

导购员 : 欢迎光临!

　　　　Huānyíng guānglín!

　　　　어서 오세요!

民　浩 : 您好, 我们两个人都想买个手机, 顺便办理新的号码。

　　　　Nínhǎo, wǒ men liǎnggè rén dōu xiǎng mǎi ge shǒujī, shùnbiàn bànlǐ xīn
de hàomǎ。

　　　　안녕하세요. 저희 둘 다 휴대폰을 하나 사려고 하는 김에 새 번호를 발
급하려고 합니다.

导购员 : 好的, 您们先请坐, 给您们倒杯热水。

　　　　Hǎo de, nín men xiān qǐng zuò, gěi nín men dào bēi rè shuǐ。

　　　　네, 먼저 앉으세요. 뜨거운 물 한 잔 따라 드릴게요.

希　真 : 谢谢。

　　　　Xiè xie。

　　　　감사합니다.

导购员 : 您们有看中的品牌吗?

　　　　Nín men yǒu kànzhòng de pǐnpái ma?

　　　　마음에 드는 브랜드가 있으신가요?

希　真 : 我使用的一直都是水果手机, 我还是买水果吧。您们这里最新款有货吗?

Wǒ shǐyòng de yìzhí dōu shì shuǐguǒ shǒujī, wǒ háishì mǎi shuǐguǒ ba。Nǐn men zhèlǐ zuì xīn kuǎn yǒuhuò ma?

제가 사용하는 건 항상 과일 핸드폰이니까 과일을 사는 게 좋겠어요. 여기 최신형이 있나요?

导购员 : 有的。您呢?

Yǒu de。Nín ne?

있어요. 당신은요?

民　浩 : 我听说中国很多手机都可以放两张SIM卡对吗?

Wǒ tīngshuō zhōngguó hěn duō shǒujī dōu kěyǐ fàng liǎng zhāng SIM kǎ duì ma?

제가 듣기로는 중국의 많은 핸드폰에 SIM카드를 두장 넣을 수 있다고 들었는데 맞나요?

导购员 : 对的。"双卡双待", 非常适合有两张卡的商务人士。听您们说话的口音不像是中国人, 请问您们是从哪来的呀?

Duì de。"shuāng kǎ shuāng dài", fēicháng shìhé yǒu liǎng zhāng kǎ de shāngwù rénshì。Tīng nín men shuōhuà de kǒuyīn bú xiàng shì zhōngguórén, qǐng wèn nín men shì cóng nǎ lái de ya?

맞습니다. "DSDS"는 두 장의 카드가 있는 비즈니스 인사에게 매우 적합합니다. 당신의 말투를 들으니 중국인 같지 않습니다. 어디에서 오셨나요?

民　浩 : 我们是从韩国来的, 来中国工作。

Wǒ men shì cóng HánGuó lái de, lái ZhōngGuó gōng zuò。

저희는 한국에서 중국에 일하러 왔습니다.

导购员 : 您们的普通话说的真好啊!

Nín men de pǔtōnghuà shuō de zhēn hǎo a!

표준어를 정말 잘 하시는군요!

民　浩 : 您过奖了。对了！听说中为的手机非常不错，有 "双卡双待" 的手机吗？

Nín guò jiǎng le。Duì le！Tīngshuō zhōngwéi de shǒujī fēicháng búcuò, yǒu "shuāng kǎ shuāng dài" de shǒujī ma？

과찬이십니다. 맞다! 듣자하니 中为의 휴대폰이 굉장히 좋다던데 "DSDS" 핸드폰이 있나요?

导购员 : 有的。中为手机很适合商务人士使用，基本上都是 "双卡双待" 的手机。最新推出的Mate 30 Pro功能非常强大，还可以使用5G网络，就是一款 "双卡双待" 手机。

Yǒu de。Zhōngwéi shǒujī hěn shìhé shāngwù rénshì shǐyòng, jīběn shàng dōu shì "shuāng kǎ shuāng dài" de shǒujī。Zuì xīn tuīchū de Mate 30 Pro gōngnéng fēicháng qiángdà, hái kěyǐ shǐyòng 5G wǎngluò, jiùshì yì kuǎn "shuāng kǎ shuāng dài" shǒujī。

있습니다. 中为 핸드폰은 비즈니스 인사가 사용하기에 아주 좋아요. 대부분 모두 "DSDS"의 휴대폰입니다. 가장 최근에 출시된 Mate 30 Pro는 기능이 매우 강력하며 5G 네트워크를 사용할 수 있는 "DSDS"휴대폰입니다.

希　真 : 那么我们要一个水果的最新款和一个中为的最新款。

Nàme wǒ men yào yí gè shuǐguǒ de zuì xīn kuǎn hé yí gè zhōngwéi de zuì xīn kuǎn。

그러면 저희는 과일의 최신 모델 하나와 中为의 최신 모델 하나를 주세요.

导购员 : 好的。现在选择颜色和内存吧？

Hǎo de。Xiànzài xuǎnzé yánsè hé nèicún ba？

네. 색과 메모리 용량을 선택하셨나요？

希　真 : 我想要灰色的，你呢？

Wǒ xiǎng yào huīsè de, nǐ ne？

저는 회색으로 해주세요. 당신은？

民　浩 : 我要黑色的吧。我们要灰色的水果和黑色的中为，都要最大内存的。

Wǒ yào hēisè de ba。Wǒ men yào huīsè de shuǐguǒ hé hēisè de zhōngwéi，dōu yào zuì dà nèicún de。

저는 검정색으로 해주세요. 저희는 회색의 과일과 검정색의 中为로 주시고, 메모리 용량은 가장 큰걸로 주세요.

导购员 : 需要那么大的内存吗？

Xūyào nàme dà de nèicún ma?

그렇게 큰 메모리가 필요하세요?

希　真 : 我们想假期多去旅旅行，正好可以多拍一些照片和视频呢。

Wǒ men xiǎng jiàqī duō qù lǚlǚxíng，zhènghǎo kěyǐ duō pāi yìxiē zhàopiàn hé shìpín ne。

저희가 휴가 때 여행을 많이 가려고 해요. 사진이나 동영상을 좀 더 찍을 수 있을 것 같아요.

导购员 : 原来如此。

Yuánláirúcǐ。

알고 보니 그러셨군요.

民　浩 : 对了，请问买两个手机可以打折吗？或者有什么话费的优惠活动吗？

Duìle，qǐng wèn mǎi liǎng gè shǒujī kěyǐ dǎzhé ma? Huòzhě yǒu shénme huàfèi de yōuhuì huódòng ma?

맞다, 휴대폰 두 개 사면 할인되나요? 아니면 무슨 요금 할인 이벤트라도 있나요?

导购员 : 因为您们选择的都是最新的热销产品，只能购买裸机了。价格上您们放心，绝对是最低价，而且在我们公司购买的手机绝对有正品保证。

Yīnwèi nín men xuǎnzé de dōu shì zuì xīn de rèxiāo chǎnpǐn, zhǐ néng gòumǎi luǒjī le. Jiàgé shàng nín men fàngxīn, juéduì shì zuì dī jià, érqiě zài wǒ men gōngsī gòumǎi de shǒujī juéduì yǒu zhèngpǐn bǎozhèng.

선택하신 것은 모두 최신 히트 상품들이기 때문에 공기계만 구입하실 수 있습니다. 가격 면에서 안심하세요. 최저가이며 저희 회사에서 구매한 휴대폰은 절대 정품 보증이 됩니다.

希真 : 我看您们门口写着"买手机送话费", 那是什么活动啊?

Wǒ kàn nín men ménkǒu xiě zhe " mǎi shǒu jī sòng huà fèi ", nà shì shénme huódòng a?

제가 보기에는 "휴대전화를 사면 전화요금을 드린다."라고 문 앞에 적혀 있는 것은 어떤 활동인가요?

导购员 : 您跟我来, 是这些产品参加"买手机送话费"的活动, 买手机消费 多少就返还多少话费, 但是我觉得您们应该看不上这些手机, 已经是比较 过时的款式了, 功能和配置也比较落后。

Nín gēn wǒ lái, shì zhèxiē chǎnpǐn cānjiā "mǎi shǒu jī sòng huà fèi" de huódòng, mǎi shǒujī xiāofèi duōshǎo jiù fǎnhuán duōshǎo huàfèi, dànshì wǒ juéde nín men yīnggāi kànbúshàng zhèxiē shǒujī, yǐjīng shì bǐjiào guòshí de kuǎnshì le, gōngnéng hé pèizhì yě bǐjiào luòhòu.

저를 따라오세요. 이 제품들이 "휴대전화를 사면 전화요금을 드린다." 행사에 참여하는 것입니다. 휴대전화를 사는 데 소비하는 만큼 요금을 돌려주는 것입니다. 하지만 그것을 마음에 들지 않아 할 정도로 이미 시대에 뒤떨어진 모델 이고, 기능과 사양도 비교적 뒤떨어졌습니다.

民 浩 : 那么我们还是买刚刚说的手机吧。

Nàme wǒ men háishì mǎi gānggāng shuō de shǒujī ba.

그러면 저희가 아까 말씀드린 핸드폰을 사는 게 낫겠어요.

导购员 : 好的。 您们买手机的金额已经可以领取礼品了, 您们先跟我到柜

台办理号码和开户,办理好之后您们再跟我去选礼品行吗?

Hǎo de。Nín men mǎi shǒujī de jīn'é yǐjīng kěyǐ lǐngqǔ lǐpǐn le, nín men xiān gēn wǒ dào guìtái bànlǐ hàomǎ hé kāihù, bànlǐ hǎo zhīhòu nín men zài gēn wǒ qù xuǎn lǐpǐn xíng ma?

알겠습니다. 핸드폰을 구매한 금액은 이미 선물을 받을 수 있습니다. 먼 저 저와 카운터에서 번호와 계좌 개설을 처리한 후에 다시 저와 가서 선물을 선택 해 주시겠습니까?

希 真 : 好的, 谢谢。

Hǎode, xièxie。

네 감사합니다.

导购员 : 您们的身份证带了吗?

Nín men de shēnfènzhèng dài le ma?

신분증 가지고 오셨나요?

希 真 : 带了。

Dài le。

가지고 왔어요.

导购员 : 好的。您们先取个号,然后在这里稍等,柜台会叫您的号码。这里 是可以选择的电话号码,您们先选选看自己喜欢的吧。我去给您们取新手 机。您们办理好号码之后再到那边的柜台来,我在那里等您们。

Hǎo de。Nín men xiān qǔ gè hào, ránhòu zài zhèlǐ shāoděng, guìtái huì jiào nín de hàomǎ。 zhèlǐ shì kěyǐ xuǎnzé de diànhuà hàomǎ, nín men xiān xuǎnxuǎn kàn zìjǐ xǐhuan de ba。Wǒ qù gěi nín men qǔ xīn shǒujī。Nín men bànlǐ hǎo hàomǎ zhīhòu zài dào nàbian de guìtái lái, wǒ zài nàli děng nín men。

알겠습니다. 먼저 번호를 뽑아서 여기서 잠시 기다리시면 카운터에서 번 호를 불러드리겠습니다. 여기 선택 가능한 전화번호입니다. 마음에 드는 번호를 먼저 고르세요. 제가 가서 새 핸드폰을 가져다 드릴게요. 번호를 수속한 후에 저쪽

카운터로 오시면 제가 거기서 기다리겠습니다.

民　浩：好的，谢谢。

　　　Hǎo de, xièxie。

　　　네 감사합니다.

（轮到了民浩和希真办理业务）

（Lúndào le Mínhào hé Xīzhēn bànlǐ yèwù）

（민호와 희진이 업무를 처리할 차례이다）

营业员：您好，有什么可以帮您？

　　　Nín hǎo, yǒu shénme kěyǐ bāng nín?

　　　안녕하세요. 무엇을 도와드릴까요?

希　真：您好，我们要办理新的号码，这是我们选好的号码。

　　　Nín hǎo, wǒ men yào bànlǐ xīn de hàomǎ, zhè shì wǒ men xuǎn hǎo de
hàomǎ。

　　　안녕하세요. 저희는 새로운 번호를 발급받아야 해요. 이것은 저희가 고
른 번호입니다.

营业员：好的，麻烦您把身份证给我看看。

　　　Hǎo de, máfan nín bǎ shēnfènzhèng gěi wǒ kànkan。

　　　네, 실례지만 신분증 좀 보여주세요.

希　真：给您。

　　　Gěi nín。

　　　여기요.

营业员：您们之前没有在这儿办理过任何卡吧？

　　　Nín men zhīqián méiyǒu zài zhèr bànlǐ guò rènhé kǎ ba?

　　　전에 여기서 어떤 카드도 발급받은 적이 없는 거죠?

希　真 : 没有。

Méiyǒu。

없어요.

营业员 : 那您们可以享受新入网用户的优惠呢。每个月128元即可享受不限量的流量、通话和短信。

Nà nín men kěyǐ xiǎngshòu xīn rùwǎng yònghù de yōuhuì ne。Měi gè yuè 128 yuán jí kě xiǎngshòu bú xiànliàng de liúliàng、tōnghuà hé duǎnxìn。

그럼 신규 가입자의 혜택을 받으실 수 있을 겁니다. 한 달에 128위안이면 양에 제한 없이 데이터 통화, 문자메시지를 즐길 수 있습니다.

民　浩 : 那我买的是5G的手机呢?

Nà wǒ mǎi de shì 5G de shǒujī ne?

그럼 제가 산 건 5G 휴대폰은요?

营业员 : 如果您要使用5G网络会贵一些, 188元一个月。

Rúguǒ nín yào shǐyòng 5G wǎngluò huì guì yìxiē, 188 yuán yí gè yuè。

5G 네트워크를 이용하시려면 좀 더 비싸요. 한달에 188위안 입니다.

民　浩 : 和韩国的月租比起来, 真的很便宜呢。

Hé HánGuó de yuèzū bǐ qǐlái, zhēnde hěn piányi ne。

한국의 월세와 비교하면 정말 싸네요.

希　真 : 那我就办理128元一个月的, 给他办理188元一个月的吧。

Nà wǒ jiù bànlǐ 128 yuán yí gè yuè de, gěi tā bànlǐ 188 yuán yí gè yuè de ba。

그럼 저는 한달에 128위안짜리로 수속해주시고, 그는 한달에 188위안으로 수속해주세요.

营业员 : 好的, 马上好。好了, 给您们卡, 祝您们用卡顺利!

Hǎo de, mǎshàng hǎo。Hǎo le, gěi nín men kǎ, zhù nín men yòng kǎ shùnlì!

네, 곧 됩니다. 자, 카드 드릴게요. 카드 잘 쓰세요!

民　浩 : 谢谢。

Xièxie。

감사합니다.

民　浩 : 您好，我们已经办理好电话号码了。

Nín hǎo, wǒ men yǐjīng bànlǐ hǎo diànhuà hàomǎ le。

안녕하세요. 저희 이미 전화번호 수속을 마쳤어요.

导购员 : 好的，您们的手机在这儿，需要我帮忙激活吗？

Hǎo de, nín men de shǒujī zài zhèr, xūyào wǒ bāngmáng jīhuó ma?

알겠습니다. 여러분의 휴대폰이 여기에 있습니다. 활성화를 도와드릴
까요?

希　真 : 不用了，我们可以自己激活。谢谢您。

Bú yòng le , wǒ men kěyǐ zìjǐ jīhuó。Xiè xie nín。

괜찮습니다. 저희가 직접 활성화 하겠습니다. 감사합니다.

民　浩 : 对了，中为的手机要去哪里下载APP啊？

Duì le, zhōngwéi de shǒujī yào qù nǎlǐ xiàzǎi APP ā?

맞다, 中为의 휴대폰은 어디에서 APP를 다운 받나요?

导购员 : 看！这里有个中为应用市场，您点这里就可以下载您需要的APP
了。您需要先注册一个账号，需要我帮您吗？

Kàn！Zhèlǐ yǒu gè zhōngwéi yìngyòng shìchǎng, nín diǎn zhèlǐ jiù kěyǐ
xiàzǎi nín xūyào de APP le。Nín xūyào xiān zhùcè yí gè zhànghào, xūyào wǒ bāng
nín ma?

보세요! 여기 中为 응용 마켓이 있는데 선택하면 필요한 APP를 다운로
드 받으실 수 있습니다. 먼저 계정을 하나 등록해야 하는데 제가 도와드릴까요?

民　浩 : 不用了，谢谢您。

Bú yòng le , xiè xie nín。

괜찮습니다. 감사합니다.

导购员 : 您太客气了，都是我们应该做的。您们激活好手机以后就告诉我，
我带您们去选礼品。

Nín tài kèqi le, dōu shì wǒ men yīnggāi zuò de。Nín men jīhuó hǎo shǒujī
yǐhòu jiù gàosu wǒ, wǒ dài nín men qù xuǎn lǐpǐn。

너무 정중하시네요. 모두 저희가 마땅히 해야 할 일입니다. 핸드폰을 활
성화 시키신 후에 제가 선물을 고르는 곳을 안내해 드리겠습니다.

希　真 : 好的。麻烦您了。

Hǎo de。Máfan nín le。

네 실례 좀 할게요.

语法

1. **一直......** : **表示状态始终不变。** 상태는 한결같이 변하지 않음을 나타낸다.

例句 : 雨一直下了一天一夜。

他干活儿一直很卖力。

我一直很喜欢你。

2. **听说......** : **插说成分，"听别人说" 的意思。**

삽입성분, "다른 사람의 말을 듣자하니"의 의미.

例句 : 听说你买的股票涨了？

听说这种粉底很多人买。

这件事是他听说的。

3. "对了!"：口语，表示忽然想起来。 구어, 문뜩 떠오름을 나타냄.

例句：我先走了。对了!你说明天几点要出发来着？

　　　　给你文件。对了!我还得把上次吃饭的钱给你。

　　　　我得赶紧走了。对了!最后走的别忘记了关窗户。

4. 基本上：大体上。 대체로.

例句：一年的任务，到十月份已经基本上完成。

　　　　我的裙子基本上都是连衣裙。

　　　　饭基本上都是被我吃完的。

5. 价格上：表示某一方面。 한 방면을 나타냄.

例句：事实上就是如此。

　　　　思想上不能放松。

　　　　外形上是简约时尚风。

6、任何：指示代词，不论什么。 지시 대명사, 무엇 이든지.

例句：任何人都要遵守法律。

　　　　我们能战胜任何困难。

　　　　任何数乘以零都等于零。

7、和......比起来："和......相比"的意思。 "和……相比"의 의미.

例句：和这个手机比起来，我更喜欢那个手机。

　　　　和摇滚乐比起来，我更喜欢轻音乐。

　　　　和小王的成绩比起来，我的不算什么。

1. 择合适的词语填空

顺便 实惠 看中 假期 正品 过时 享受 激活 注册 账号

（1）好好_____美食吧。

（2）工作太累了,好想有个_____。

（3）这家店的食品干净又_____。

（4）这款手机要先_____才能使用。

（5）我一眼就_____了这件衣服。

（6）你有这个网站的_____吗？

（7）回家的时候_____去买点酱油。

（8）你卖得这么便宜,可以保证是_____吗？

（9）你能教我_____这个app的会员吗？

（10）这种打扮早就_____了。

2. 使用本课学过的语法完成句子。

（1）_____事都要好好计划才能完成得好。

（2）_____小李_____ ,小张矮一些。

（3）我下午去给你寄邮件。_____ !你还没把地址告诉我呢。

（4）风_____刮,头发都吹得乱七八糟的。

（5）_____你们是从韩国来的。

（6）他的衣服_____都是黑色的。

（7）生活_____你不用担心我,我自己可以照顾好自己。

(8)他_____天天加班。

(9)_____理由我都不接受，我只看结果。

(10)他的安全你放心，我会_____陪着他的

关于手机的几个冷知识 :

휴대폰에 대한 몇 가지 냉소적 지식:

1、不用手机保护膜也一样坚固。

핸드폰 액정 보호 필름을 사용하지 않아도 마찬가지로 견고하다.

如果是在以前的智能手机，贴手机保护膜是一种必须，它的确能够保护以防刮蹭问题出现，但是在如今，随着各大手机厂商的技术不断提高，手机屏幕已经足够坚固，并不太需要任何的保护膜，现在的保护膜更多则是一种心理安慰而已。

과거 스마트폰의 경우 액정 보호 필름을 부착하는 것이 필수였다. 충돌문제에 스크래치 나지 않도록 보호해 줬지만 이제는 각 휴대폰 업체의 기술이 향상되면서 화면은 튼튼해졌고, 액정 보호 필름이 필요하지 않게 되었다. 지금은 액정 보호 필름은 심리적인 위안일 뿐이다.

2、过夜充电不会对手机有任何伤害。

밤을 새워 충전하는 것은 휴대폰에 아무런 해를 끼치지 않을 것이다.

现在关于过夜给手机充电是有风险的，并且缩短使用寿命的说法越来越多，但是一些专家表示，这个观点是完全错误的，因为现在的智能手机，对于过度充电都有一个很好的保护，一旦充满电之后，充电过程就会自动断开，所以过夜充电不会对手机有任何伤害，这一点希望知道！

현재 밤을 새워 휴대전화를 충전하는 것은 위험하고, 수명을 단축하는 것이라는 말이 많아졌지만 일부 전문가들은 이 관점이 완전히 잘못된 것임을 알고 있다. 현재 스마트폰은 과충전에 좋은 보호가 있어 일단 가득 충전되면 충전 과정에서 자동적으로 끊어져 버리기 때문에 밤을 새워 충전하는 것은 휴대폰에 아무런 해를 끼치지 않는다는 것을 알기를 바란다!

3、吹风机吹干手机很容易爆炸。

헤어드라이어로 바람을 쐬어 말린 폰은 폭발하기 쉽다.

有时候因为疏忽大意，手机不小心进水了，于是有的人就会吹风机进行吹干，其实这是很危险的，因为手机本身很怕热，而吹风机短时间产生的热量，足以对手机带来伤害，严重的情况下，会出现爆炸的风险，所以尽可能的不要这样做。

어떤 때는 부주의로 인해 휴대전화에 실수로 물이 들어가서 어떤 사람이 헤어드라이어로 바람을 쐬어 말릴 수 있는데 사실 이는 매우 위험하다. 왜냐하면 휴대폰 자체는 더위를 많이 타는 반면 헤어드라이어에서 단시간에 발생하는 열로 인해서 휴대폰에 손상을 줄 수 있고 심각한 경우 폭발할 위험이 있기 때문에 가능한 한 그렇게 하지 않도록 한다.

4、关闭后台程序并不省电。

백그라운드 프로그램을 닫는 것은 결코 전력을 절약하지 않는다.

这也是很多经常犯错的一个误区，认为清理关闭后台程序，就会节省电量，可是经常专业人士认为，这个说法是非常荒谬的，因为当你离开一个应用程序并且开始使用其他程序时，第一个应用程序的运行内存则会保留，让常用程序驻留后台，就可以省去读取内存的步骤，这种多任务的算法有助于节省电量，对于这个有趣的冷知识，可能很多人都并不知道。

이것은 또한 종종 많은 오류를 범하는 오류 구역으로, 폐쇄된 백그라운드 프로그램 닫으면 전기 사용량이 절약될 것이라고 생각하지만 전문가들은 이 설이 매우 터무니없다고 생각한다. 왜냐하면 당신이 한 응용 프로그램을 떠나 다른 프로그램을 시작할 때 첫 번째 응용 프로그램의 실행 메모리가 남아서 자주 사용하는 프로그램이 백그라운드에 머무르게 하면 메모리를 읽는 단계를 절약할 수 있다. 이러한 멀티태스크의 알고리즘은 전력 절감에 도움이 되며 이 흥미로운 냉지식에 대해서는 많은 사람들이 알지 못한다.

去市场买菜
시장에 가서 채소 구매하기
第十一章 제11장

两人第一次去菜市场，买了一些蔬菜。

두 사람은 처음으로 채소 시장에 가서 야채를 좀 샀다.

生词

随便 suí biàn	[부사]마음대로. 좋을 대로.
新鲜 xīn xiān	[형용사]신선하다. 싱싱하다.
生菜 shēng cài	[명사]상추.
胡萝卜 hú luó bo	[명사]당근.
土豆 tǔ dòu	[명사]감자.
物美价廉 wù měi jià lián	[성어]물건도 좋고, 값도 싸다.
打秤 dǎ chèng	저울에 재다.
照着 zhào zhe	…대로. …비추면서.
菜谱 cài pǔ	[명사]식단. 메뉴. 요리책.
折耳根 zhé ěr gēn	즙채. 삼백초.
鱼腥草 yú xīng cǎo	즙채. 삼백초.
中药 zhōng yào	[명사] 중국 의약. 한약. 한방약.

入药 rù yào	[동사]약재로 쓰다. 약으로 쓰다.
焯 chāo	[동사]데치다.
凉拌 liáng bàn	[동사]생채를 무치다.
吃不惯 chī bú guàn	[동사] (어떤 음식이) 입에 맞지 않다. 습관이 안 되다.
冲 chòng	[형용사] (냄새가) 강하다. 지독하다.
算了 suàn le	그만두다. 개의하지 않다.
顾客 gù kè	[명사]고객.
黄瓜 huáng guā	[명사]오이.
丝瓜 sī guā	[명사]수세미외. 수세미.
做法 zuò fǎ	[명사] (만드는) 법. (하는) 방법.
豆薯 dòu shǔ	[명사]히카마.
腌 yān	[동사] (소금·설탕·간장·술 따위에) 절이다.
淮山 huái shān	[명사]참마. 마.
山药 shān yào	[명사]참마. 마.
段儿 duànr	토막.
炖汤 dùn tāng	찌개.
及时 jí shí	[부사]제때에. 적시에.
热心 rè xīn	[형용사]친절하다. (마음씨가) 따뜻하다.
抹个零儿 mǒ gè língr	(돈을 지불할 때) 우수리를 떼다. 끝자리를 떼다.
鱼刺 yú cì	[명사]생선 가시. 물고기의 잔뼈.
黄花鱼 huáng huā yú	황조기.
罗非鱼 luó fēi yú	태래어.
倍 bèi	[양사]배. 곱절.
个人 gè rén	[명사]개인. 한 사람. [대명사]나 (자신).

肯定 kěn dìng	[부사]확실히. 틀림없이.
道理 dào lǐ	[명사]이유.
处理 chǔ lǐ	[동사]처리하다. 깨끗하게 손질하다.
零的 líng de	잔돈.
找 zhǎo	[동사]거슬러 주다.

对话

商　户：随便挑随便选，都是刚到的新鲜蔬菜！帅哥美女随便看看！新鲜着呢！

Suíbiàn tiāo suíbiàn xuǎn ， dōu shì gāng dào de xīnxiān shūcài ！ Shuàigē měinǚ suíbiàn kànkan ！Xīn xiān zhe ne ！

아무거나 골라주세요. 모두 갓 도착한 신선한 야채입니다! 미남 미녀분들은 마음대로 보세요! 모두 싱싱합니다!

希　真：我想买点生菜、胡萝卜和土豆。

Wǒ xiǎng mǎi diǎn shēngcài 、 húluóbo hé tǔdòu 。

상추와 당근, 감자를 좀 사고 싶습니다.

商　户：没问题。生菜一块五一斤，胡萝卜八毛钱一斤，土豆一块钱一斤。

Méi wèntí 。Shēngcài yí kuài wǔ yì jīn，húluóbo bā máo qián yì jīn，tǔdòu yí kuài qián yì jīn 。

문제없습니다. 상추 한 근에 1위안5, 당근 한 근에 8마오, 감자 한 근에 1위안입니다.

民　浩：中国的蔬菜好便宜啊！

ZhōngGuó de shūcài hǎo piányi a ！

중국의 채소는 아주 싸군요!

商 户: 对啊, 我家的菜就是物美价廉。给您袋子, 您装好给我, 我来打
秤。

      Duì a, wǒ jiā de cài jiù shì wùměijiàlián。Gěi nín dàizi, nín zhuāng hǎo gěi wǒ, wǒ lái dǎchèng。

      맞아요. 저희 가게 채소는 값싸고 저렴해요. 봉지를 드릴게요. 저에게 담아주시면 저울에 재겠습니다.

民 浩: 好多菜啊, 有些都好像没见过。我们多买点尝尝吧。刚好你不是下
载了一个学做菜的app吗? 咱们可以照着菜谱做。

      Hǎo duō cài ā, yǒu xiē dōu hǎoxiàng méi jiàn guò。Wǒ men duō mǎi diǎn chángchang ba。Gānghǎo nǐ búshì xiàzǎi le yígè xué zuòcài de app ma? Zánmen kěyǐ zhàozhe càipǔ zuò。

      채소가 많네요. 어떤 것들은 본적이 없는것 같아요. 우리 많이 사서 먹어보자. 마침 당신이 요리하는 법을 배우는 앱을 다운받았잖아? 우리는 레시피대로 따라 할 수 있어.

希 真: 你说的对! 老板, 这是什么菜?

      Nǐ shuō de duì! Lǎobǎn, zhè shì shénme cài?

      당신 말이 맞아! 사장님, 이게 무슨 요리인가요?

商 户: 这是折耳根。

      Zhè shì zhéěrgēn。

      이것은 즙채입니다.

希 真: 折耳根? 没听说过。怎么做啊?

      Zhéěrgēn? Méi tīngshuō guò。Zěnme zuò ā?

      즙채요? 못 들어 봤어요. 어떻게 요리하는 거죠?

民 浩: 我搜索了一下, 这个也叫鱼腥草对吗?

Wǒ sōusuǒ le yí xià, zhè ge yě jiào yúxīngcǎo duì ma?

제가 검색해봤는데 이것도 삼백초라고 하는 게 맞나요?

商　户：对！就是那个。

Duì！Jiù shì nàgè。

맞아요! 바로 그거입니다.

民　浩：这个不是中药吗？

Zhège bú shì zhōngyào ma？

이 것은 한방약이 아닌가요?

商　户：既能入药，也能做食物。先用水焯一焯，再凉拌吃。不过不少人吃不惯这个味道，您们先闻一闻，看看受得了吗？

Jì néng rù yào, yě néng zuò shí wù。Xiān yòng shuǐ chāoyichao, zài liángbàn chī。Búguò bù shǎo rén chī búguàn zhège wèidào, nín men xiān wén yi wén, kànkan shòu dé liǎo ma？

약으로도 쓰고, 음식도 만들 수 있어요. 먼저 물에 데친 후 무쳐 먹습니다. 하지만 많은 사람들이 이 맛에 익숙하지 않으니 먼저 냄새를 맡아보세요. 견딜 수 있겠습니까?

希　真：哇！这个味道太冲了，还是算了吧。我再看看其他的菜。

Wā！Zhè ge wèidào tài chòng le, háishì suàn le ba。Wǒ zài kànkan qítā de cài。

와! 이거 냄새가 너무 독하네요. 그만 두는 게 낫겠어요. 다른 채소를 좀 더 보겠습니다.

商　户：行！您们慢慢选。

Xíng！Nín men mànmàn xuǎn。

좋아요! 천천히 고르세요.

希　真：老板，您能给我们介绍一下吗？我们是从韩国来的，时间还不长，好多菜都还不认识。

Lǎobǎn, nín néng gěi wǒ men jièshào yíxià ma? Wǒ men shì cóng HánGuó lái de, shíjiān hái bù cháng, hǎo duō cài dōu hái bú rènshi。

사장님, 저희에게 소개 좀 해주시겠어요? 저희는 한국에서 온지 얼마되지 않아서 많은 채소를 아직 알지 못해요.

商 户:行啊, 您们先看看对什么菜感兴趣, 选好了再问我吧。我这边先给别的顾客打下秤。

Xíng a， nín men xiān kànkan duì shénme cài gǎn xìngqù, xuǎn hǎo le zài wèn wǒ ba。 Wǒ zhèbiān xiān gěi biéde gùkè dǎ xià chèng。

좋아요. 어떤 채소에 관심이 있으신지 먼저 보시고, 선택하신 후에 저에게 물어보세요. 저는 저쪽에서 다른 손님에게 먼저 저울을 재드릴게요.

希 真:好的。麻烦您了。

Hǎo de。Má fan nín le。

네. 실례 좀 할게요.

民 浩:这个有点像黄瓜, 也是黄瓜吗?

Zhège yǒu diǎn xiàng huángguā， yě shì huángguā ma ？

이거 약간 오이 같은데 오이인가요?

商 户:这个是丝瓜, 这个吃的人多, 做法也不难。

Zhège shì sīguā, zhè ge chī de rén duō, zuò fǎ yě bù nán。

이것은 수세미이고, 이것은 먹는 사람이 많으며 요리하는 것도 어렵지 않아요.

希 真:那再来两根丝瓜吧。

Nà zài lái liǎng gēn sīguā ba。

그럼 수세미 두 개 더 주세요.

商 户:好的。

Hǎo de 。

네.

希　真 : 这个又像土豆又像萝卜的是什么?

Zhège yòu xiàng tǔdòu yòu xiàng luóbo de shì shénme?

이건 감자 같기도 하고, 무 같기도 한데 뭔가요?

商　户 : 这个叫做豆薯。很甜的, 可以炒菜, 也可以腌, 还可以直接生吃。

Zhège jiào zuò dòushǔ。Hěn tián de, kěyǐ chǎocài, yě kěyǐ yān, hái kěyǐ zhíjiē shēng chī。

이것은 히카마라고 불립니다. 매우 달고, 볶음 요리를 할 수도 있고, 절일 수도 있고, 그냥 생으로 먹을 수도 있습니다.

希　真 : 听着挺有趣的, 来两个尝一尝吧。

Tīng zhe tǐng yǒuqù de, lái liǎng gè cháng yi chang ba。

듣고 있으니 재밌는데 두 개만 시식해 볼게요.

商　户 : 好嘞。还要点什么吗?

Hǎo lei。Hái yào diǎn shénme ma?

좋습니다. 뭐를 더 드릴까요?

民　浩 : 这个是什么?怎么粗细差这么多?

Zhège shì shénme?Zěnme cū xì chà zhème duō ?

이게 뭔가요? 왜 이렇게 굵게 차이가 많이 나죠?

商　户 : 这是不同的。粗的这种叫做淮山, 削完皮切片炒着吃;细的这种叫山药, 大多数人削完皮切成段儿炖汤喝。

Zhè shì bùtóng de。Cū de zhèzhǒng jiàozuò huáishān, xiāo wán pí qiē piàn chǎo zhe chī ; xì de zhèzhǒng jiào shānyào, dà duō shù rén xiāo wán pí qiē chéng duànr dùn tāng hē。

이것은 다른 거예요. 굵은 것을 참마라고 하는데, 껍질을 깎아서 얇게 썰어서 볶아먹어요. 가는 것을 마라고 하는데 대부분의 사람들은 껍질을 벗겨서 토막으로 잘라서 탕을 끓여서 마셔요.

希 真：那都来一根吧，也先尝尝。

Nà dōu lái yì gēn ba, yě xiān chángchang。

그럼 한개만 주세요. 먼저 시식해볼게요.

商 户：好的。我看这样足够了，买太多不及时吃会坏的。

Hǎo de。Wǒ kàn zhèyàng zúgòu le, mǎi tài duō bù jíshí chī huì huài de。

네. 내가 보기엔 이 정도면 충분해요. 즉시 먹지 않는걸 너무 많이 사면
상해요.

民 浩：行！您这么热心，下次我们还来您这儿买菜。

Xíng！Nín zhè me rèxīn, xiàcì wǒ men hái lái nín zhèr mǎi cài。

좋아요! 이렇게 친절하시니 다음에 또 채소를 사러 오겠습니다.

商 户：那就谢谢您们了。一共二十三块四，抹个零儿，给二十三块就可以
了。

Nà jiù xièxie nín men le。Yígòng èrshísān kuài sì, mǒ gè língr, gěi èrshísān
kuài jiù kěyǐ le。

그럼 감사합니다. 모두 23위안4이니 끝자리를 떼고, 23위안을 주시면
됩니다.

希 真：谢谢了，请问肉和鱼在哪里买啊？

Xiè xie le, qǐng wèn ròu hé yú zài nǎlǐ mǎi a？

감사합니다. 실례지만 고기랑 생선은 어디에서 사나요?

商 户：肉类和水产类都在里面，直走就能看见。

Ròu lèi hé shuǐchǎn lèi dōu zài lǐmiàn, zhí zǒu jiù néng kànjiàn。

육류와 수산물류는 모두 안에 있으니 쭉 가시면 보일 겁니다.

希 真：好的，谢谢您了。

Hǎo de, xièxie nín le。

네 감사합니다.

（Fūqī liǎng rén mǎi hǎo zhūròu hé niúròu, lái dào shuǐchǎn qū）

（夫妻两人买好猪肉和牛肉，来到水产区）

(부부는 돼지고기와 소고기를 사고, 수산물 구역으로 왔다)

希　真：您好，我们想买一条鱼。

Nín hǎo, wǒ men xiǎng mǎi yì tiáo yú 。

안녕하세요. 저희는 물고기 한 마리를 사고 싶습니다.

商　户：要什么鱼？

Yào shénme yú ？

어떤 생선이 필요 하신가요?

民　浩：我们想买鱼刺少一些的鱼，不要太大的。

Wǒ men xiǎng mǎi yúcì shǎo yì xiē de yú , bú yào tài dà de 。

저희는 생선 가시가 좀 적고, 너무 크지 않은 생선을 사고 싶어요.

商　户：黄花鱼、罗非鱼，这两种鱼没什么刺，买的人也多。

Huánghuāyú、Luófēiyú， zhè liǎng zhǒng yú méi shénme cì, mǎi de rén yě duō 。

황조기, 태래어 이 두 종류의 생선이 가시가 별로 없고, 사가는 사람들도 많습니다.

希　真：多少钱？

Duōshǎo qián？

얼마 인가요?

商　户：黄花鱼40元一公斤，罗非鱼15元一公斤。

Huánghuāyú 40 yuán yì gōngjīn, Luófēiyú 15 yuán yì gōngjīn 。

황조기는 1킬로그램에 40위안이고, 태래어는 1킬로그램에 15위안입니다.

民　浩：价格差了一倍多，黄花鱼特别好吃吗？

　　　Jiàgé chà le yíbèi duō, Huánghuāyú tèbié hǎochī ma?

　　　가격이 한 배 이상 차이가 나는데 황조기가 특히 맛있나요?

商　户：看个人的喜好吧。不过贵的肯定有贵的道理。

　　　Kàn gèrén de xǐhào ba。Búguò guì de kěndìng yǒu guì de dàolǐ。

　　　개인의 취향을 봐야해요. 하지만 비싼 것에는 틀림없이 비싼 이유가 있어요.

希　真：那行，来一条黄花鱼吧，给我们挑新鲜的啊。

　　　Nà xíng, lái yì tiáo huánghuāyú ba, gěi wǒ men tiāo xīnxiān de a。

　　　그럼, 황조기 한 마리 주시고, 신선한걸로 골라 주세요.

商　户：放心！都是早上刚到的新鲜鱼。需要我把鱼处理好吗？

　　　Fàngxīn！Dōu shì zǎoshang gāng dào de xīnxiān yú。Xūyào wǒ bǎ yú chǔlǐ hǎo ma?

　　　걱정마세요! 모두 오늘 아침에 갓 도착한 신선한 생선입니다. 생선을 손질해 드릴까요?

希　真：要的，谢谢您。

　　　Yào de, xièxie nín。

　　　해주세요. 감사합니다.

商　户：好嘞，您们稍等，很快。好了，您们拿好，一共是42元。

　　　Hǎo lei, nín men shāoděng, hěn kuài。Hǎo le, nín men ná hǎo, yígòng shì 42 yuán。

　　　좋아요. 잠시만 기다려주세요. 금방 합니다. 됐습니다. 받으시고, 모두 42 위안입니다.

希　真：没有零的了，给您50。

　　　Méiyǒu língde le, gěi nín 50。

잔돈이 없어서 50위안입니다.

商　户 : 找您8元。欢迎下次光临！再见！

Zhǎo nín 8 yuán。Huānyíng xià cì guānglín！Zài jiàn！

8위안을 거슬러 드릴게요. 다음에 또 방문해주세요! 안녕히 가세요!

民　浩 : 再见！

Zài jiàn！

안녕히 계세요!

1. 着呢 : 语气助词，用于口语。表示程度深，有时带有说服对方的意味。

어기조사, 구어에 사용된다. 정도가 심하거나 어떤 성질 혹은 상태를 강조함을 나타내며, 상대방을 설득하는 의미를 띤다.

例句 : 这种瓜好吃着呢。

街上热闹着呢。

我们白着呢。

2. 刚好 : 副词，"恰巧、正巧"的意思。

부사, "恰巧、正巧"의 의미이다.

例句 : 他们两个人刚好编在一个小组里。

刚好大叔要到北京去，信就托他带去吧。

我刚好能穿。

3. ......一下 : 用在动词后面 , 表示做一次或试着做。

동사 뒤에 사용한다. 한 번 해보거나 시도함을 나타낸다. (좀 …하다. 한번 …하다.)

例句 : 给我看一下。

　　　打听一下 , 老师办公室怎么走？

　　　我们一起研究一下这个问题。

4. 焯一焯 : 动词+一+动词 , 表示动作的时量短。

동사+一+동사, 동작의 시간이 짧음을 나타낸다.

例句 : 你试一试这件衣服。

　　　让我看一看。

　　　给我听一听。

5. 受得了 : 结果补语 , ...+得/不+......

결과보어, ……+得/不+……

例句 : 声音太大了 , 耳朵受不了。

　　　作业太多了 , 今天写不完。

　　　我力气小 , 搬不动这张桌子。

6. 挺...... ; 副词 , "很" 的意思 , 用于口语 , 后常常带 "的"。

부사, "很"의 의미이다. 구어에서 사용되고, 뒤에 자주 "的"와 함께 쓴다.

例句 : 这花挺香。

　　　她学习挺努力的。

　　　心里挺不痛快的。

7. 看……: 观察并加以判断。 관찰하고 판단하다.

例句: 我看他是个可靠的人。

　　　你看这个办法好不好。

　　　你自己看着办。

1. 择合适的词语填空。

新鲜　菜谱　中药　顾客　做法　炖汤　及时　倍　喜好　找

(1) 要多吃_____水果蔬菜, 身体才会更加健康。

(2) 这家店的_____每天都很多。

(3) 这个月的电费是上个月的两_____。

(4) 你有鱼香肉丝的_____吗?

(5) 这是_____您的零钱, 请收好。

(6) 幸亏你_____赶到, 否则我就惨了。

(7) 两个人相处有一件事情很重要, 就是要互相尊重对方的_____。

(8) 妈妈今天_____了, 我在门口就闻到了香味。

(9) _____虽然很苦, 但是对身体好。

(10) 土豆的_____很多, 我最喜欢把它放进火锅里煮。

2. 使用本课学过的语法完成句子。

(1) 时间还多_____, 别着急。

(2) 你先试_____, 别着急做决定。

(3)你挡住我了,我_____黑板了。

(4)我没有意见,就_____你喜不喜欢了。

(5)这件衣服_____大的,应该是你喜欢的款式。

(6)我昨天去逛超市,_____遇见你的学生。

(7)打听_____,你知道怎么去市政府吗?

(8)我烦_____,你别和我说话。

(9)这位作家_____有名的,我们去合个影吧。

(10)打扰_____,您能帮我个忙吗?

阅读材料

常见的蔬菜瓜果生鲜名称
자주 볼 수 있는 야채와 과일 신선제품 명칭

水果类:과일류

圣女果 방울토마토	菠萝 파인애플	西瓜 수박	香蕉 바나나	橙子 오렌지	柚子 유자
苹果 사과	柠檬 레몬	樱桃 체리	桃子 복숭아	梨 배	枣 대추
椰子 야자	草莓 딸기	树莓 라즈베리	蓝莓 블루베리	黑莓 블랙베리	葡萄 포도
甘蔗 사탕수수	芒果 망고	木瓜 모과	杏子 살구	油桃 민복숭아	柿子 감
石榴 석류	榴莲 두리안	槟榔果 빈랑	猕猴桃 키위	金橘 금귤	蟠桃 반도
荔枝 여지	青梅 푸른매실	水蜜桃 수밀도	香瓜 참외	李子 자두	杨梅 양매

桂圆	杨桃	枇杷	柑橘	枸杞	牛油果
용안의 열매	키위	비파	감귤	구기자	아보카도
山竹	人参果	菠萝蜜	灯笼果	椰枣	番荔枝
망고스틴	인삼열매	잭프루트	구즈베리	대추야자	슈가 애플
火龙果	黑加仑	番石榴	雪莲果	蔓越莓	芭蕉
용과	블랙커런트	구아바	야콘	크랜베리	파초
哈密瓜	提子	百香果			
멜론	구기	패션푸르트			

蔬菜类: 채소류

冬瓜	南瓜	黄瓜	苦瓜	丝瓜	佛手瓜	土豆
동과	호박	오이	고과	수세미외	차요테	감자
萝卜	胡萝卜	韭菜	洋葱	芹菜	菠菜	生菜
무	당근	부추	양파	셀러리	시금치	상추
秋葵	甘蓝	白菜	苋菜	牛蒡	芥蓝	茄子
닥풀	양배추	배추	비름	우엉	동갓	가지
香菜	竹笋	艾蒿	四季豆	蒲瓜	扁豆	毛豆
고수	죽순	쑥	강낭콩	호리병박	강낭콩	청대콩
黄花菜	豆芽菜	绿豆	木耳菜	豌豆	豇豆	葱
넘나물	콩나물	녹두	목이버섯	완두	강두	파
姜	蒜	西红柿	雪里红	桔梗	芦笋	青菜
생강	마늘	토마토	갓	도라지	아스파라거스	청경채
木耳	地瓜	西兰花	芥菜	马齿苋	莼菜	苤蓝
목이버섯	더우수	브로콜리	갓	쇠비름	순채	콜라비
扫帚菜	蕨菜	芜菁	马兰头	蘑菇	金针菇	凤尾菇
댑싸리	고사리	순무	쑥부쟁이	버섯	팽이버섯	느타리버섯
杏鲍菇	莲藕	紫菜	海带	银耳	玉米	橄榄
새송이버섯	연근	김	다시마	흰목이버섯	옥수수	올리브
油菜	青椒	芋	魔芋	山药	凉薯	空心菜
유채	피망	토란	구약나물	고구	더우수	공심채
大葱	大蒜	大白菜	茼蒿	茴香	芡实	慈姑
대파	마늘	배추	쑥갓	회향	가시연밥	소귀나물
紫苏	笋瓜	西葫芦	越瓜	菜瓜	瓠瓜	
소엽	겨울호박	애호박	채과	채과	호리병박	

肉: 고기

牛肉	猪肉	羊肉	鹅肉	鸡肉	肘子
소고기	돼지고기	양고기	거위고기	닭고기	돼지 허벅지고기

咸猪肉	瘦肉	肥肉	兔肉	狗肉	鸭肉
베이컨	살코기	비계	토끼고기	개고기	오리고기

海鲜类: 해물류

虾仁	龙虾	小龙虾	蟹	小虾（虾米）	对虾
새우	랍스터	가재	게	작은새우	참새우

大虾	鱿鱼	海参	扇贝	鲍鱼	牡蛎
대하	오징어	해삼	가리비	전복	굴

海蜇	鳖	海龟	蚬/蛤	鲅鱼	鲳鱼
해파리	자라	바다거북	조개	삼치	병어

鲑鱼	银鲤鱼	黄花鱼	草鱼	鲫鱼	
연어	잉어	황조기	산천어	붕어	

主食类: 주식류

米饭	油菜	小麦	大麦	青稞	高粱
밥	유채	밀	보리	쌀보리	수수

山药	黄花	玉米	燕麦	糯米/江米	
고구마	국화	옥수수	귀리	찹쌀	

干果类: 견과류

腰果	花生	无花果	榛子	栗子
캐슈너트	땅콩	무화과	개암	밤

核桃	杏仁	葡萄干	开心果	瓜子
호두	아몬드	건포도	피스타치오	해바라기 씨

买生日蛋糕
생일 케이크 구매하기

希真明天过生日，为了给希真一个惊喜，民浩和朋友昊然一起到蛋糕店买生日蛋糕，聊起了过生日的话题。

내일 희진이의 생일이여서 희진이를 깜짝 놀라게 해주기 위해, 민호와 친구 호연이는 함께 케이크 가게에 가서 생일 케이크를 사고, 생일 축하 이야기를 나누었다.

生词

订 dìng	[동사]예약하다. 주문하다.
生日蛋糕 shēng rì dàn gāo	생일 케이크.
样式 yàng shì	[명사]양식. 모양. 스타일.
巧克力蛋糕 qiǎo kè lì dàn gāo	초콜릿 케이크.
水果蛋糕 shuǐ guǒ dàn gāo	과일 케이크.
当季 dāng jì	제철.
芒果 máng guǒ	[명사]망고.
火龙果 huǒ lóng guǒ	[명사]용과.
樱桃 yīng táo	[명사]앵두.
当天 dàng tiān	[명사]그 날. 당일.

食材 shí cái	[명사]식자재. 식재료.
弟妹 dì mèi	[명사]제수.
红丝绒蛋糕 hóng sī róng dàn gāo	레드벨벳케이크.
口味 kǒu wèi	[명사]맛.
严格 yán gé	[형용사]엄격하다. 엄하다.
奶酪 nǎi lào	[명사]치즈.
起司 qǐ sī	[명사]치즈.
没空 méi kòng	시간이 없다.
安排 ān pái	[동사]안배하다. 배치하다. 준비하다.
好意 hǎo yì	[명사]호의. 선의.
叉子 chā zi	[명사]포크.
碟子 dié zi	[명사]접시.
额外 é wài	[형용사]별도의. 그 밖의.
蜡烛 là zhú	[명사]초. 양초.
体贴 tǐ tiē	[동사]세심하게 돌보다. 자상하게 보살피다.
单身狗 dān shēn gǒu	솔로.
自取 zì qǔ	[동사]직접 수령하다.
派送 pài sòng	[동사]파견하다.
范围 fàn wéi	[명사]범위. [동사]제한하다.
确认 què rèn	[명사, 동사]확인(하다).
预祝 yù zhù	[동사]예축하다. 미리 축하하다.
寓意 yù yì	[명사, 동사]우의(하다).
链接 liàn jiē	[동사]체인처럼 연결되다.

对话

店　员：欢迎光临。

Huānyíng guānglín。

어서 오세요.

民　浩：您好，我想订一个生日蛋糕。

Nín hǎo， wǒ xiǎng dìng yí gè shēngrì dàngāo。

안녕하세요. 생일 케이크를 하나 주문하고 싶은데요.

店　员：好的，这里有很多参考的样式，您想订哪一种呢？

Hǎo de, zhèlǐ yǒu hěn duō cānkǎo de yàngshì， nín xiǎng dìng nǎ yì zhǒng ne?

네 여기에 참고 스타일이 많이 있습니다. 어느 것을 주문하시겠습니까?

民　浩：我先看一看，这种看起来很好看，是什么蛋糕啊？

Wǒ xiān kàn yi kàn， zhè zhǒng kàn qǐlái hěn hǎo kàn， shì shénme dàngāo a?

제가 먼저 볼게요. 이게 보기에 좋은데 무슨 케이크죠?

店　员：这是巧克力蛋糕。是您的女朋友过生日吗？这款不少女生都很喜欢。

Zhè shì qiǎokèlì dàngāo。Shì nín de nǚpéngyou guò shēngrì ma?Zhè kuǎn bùshǎo nǚshēng dōu hěn xǐhuan。

초콜릿 케이크입니다. 여자친구 생일인가요? 이 케이크는 많은 여성분들이 좋아해요.

民　浩：不是女朋友，是我的妻子过生日。

Bú shì nǚpéngyou， shì wǒ de qīzi guò shēngrì。

여자친구는 아니고, 아내의 생일입니다.

店　员：您看起来很年轻呢，原来已经结婚了，真幸福呀！

　　　　Nín kàn qǐlái hěn niánqīng ne，yuánlái yǐjīng jiéhūn le，　zhēn xìngfú ya！

　　　　보기에는 젊어보이시는데 이미 결혼을 하셨다니 정말 행복하시겠어요!

民　浩：谢谢。我妻子不太爱吃巧克力，我再看看别的。

　　　　Xièxie。Wǒ qīzi bú tài ài chī qiǎokèlì，wǒ zài kànkan bié de。

　　　　감사합니다. 제 아내가 초콜릿을 별로 좋아하지 않아서 다른 걸로 볼게요.

店　员：要不然您看看这个水果蛋糕？用的都是当季新鲜水果做成的。

　　　　Yàobùrán nín kànkan zhège shuǐguǒ dàngāo? Yòng de dōu shì dāngjì xīnxiān
shuǐguǒ zuò chéng de。

　　　　아니면 이 과일 케이크를 보시겠습니까? 다 제철의 신선한 과일로 만들
어졌어요.

民　浩：用什么水果啊？

　　　　Yòng shénme shuǐguǒ ā？

　　　　어떤 과일을 사용했나요?

店　员：今天的话会用芒果、火龙果和樱桃。主要看当天能买到哪些新鲜
水果。

　　　　　Jīntiān dehuà huì yòng mángguǒ、huǒlóngguǒ hé yīngtáo。Zhǔyào kàn
dàngtiān néng mǎi dào nǎxiē xīnxiān shuǐguǒ。

　　　　오늘은 망고, 용과, 앵두를 쓸 거예요. 주로 그날 어떤 신선한 과일을 살
수 있는지 봅니다.

民　浩：这样啊。我还是想要能确定食材的蛋糕，我再看看吧。

　　　　Zhèyàng a。Wǒ hái shì xiǎng yào néng quèdìng shícái de dàngāo，　wǒ zài
kànkan ba。

　　　　그렇군요. 저는 여전히 확실한 식재료의 케이크를 원해요. 제가 다시 볼
게요.

店 员 : 好的 , 没问题。

Hǎo de，méi wèntí。

네 문제없습니다.

昊 然 : 这个蛋糕是什么蛋糕?颜色还挺漂亮的 , 弟妹应该会喜欢吧?

Zhège dàngāo shì shénme dàngāo ?Yánsè hái tǐng piàoliang de, dìmèi yīnggāi huì xǐhuan ba?

이 케이크는 무슨 케이크인가요? 색이 너무 예뻐요. 제수씨가 매우 좋아할 것 같아요.

民 浩 : 嗯 , 这个看起来不错。

èn , zhège kàn qǐlái búcuò 。

네 이게 괜찮아 보이네요.

店 员 : 这是红丝绒蛋糕 , 就目前来说 , 这款蛋糕卖得最好。

Zhè shì hóngsīróng dàngāo , jiù mùqián láishuō , zhè kuǎn dàngāo mài de zuì hǎo。

이것은 레드벨벳 케이크입니다. 현재로서는 이 케이크가 가장 잘 팔리고 있어요.

民 浩 : 是什么口味的呢?

Shì shénme kǒuwèi de ne?

무슨 맛 인가요?

店 员 : 严格说起来应该是奶酪口味的。

Yángé shuō qǐlái yīnggāi shì nǎilào kǒuwèi de。

엄밀히 따지자면 치즈맛입니다.

昊 然 : 起司吗?

Qǐsī ma?

치즈요?

店　员:对！

Duì !

네!

民　浩:那挺不错的，就订这个吧。

Nà tǐng bú cuò de , jiù dìng zhège ba 。

그럼 매우 좋네요. 이걸로 예약해주세요.

店　员:您要订几寸的呢？

Nín yào dìng jǐ cùn de ne ?

몇 인치로 주문하시겠습니까?

民　浩:几寸？

Jǐ cùn?

몇 인치요?

昊　然:就是问你要订多大的蛋糕。

Jiùshì wèn nǐ yào dìng duō dà de dàngāo 。

얼마만 한 케이크를 주문해야 하는지 묻는 거예요.

民　浩:原来如此。昊然，你明天真的没空吗？

Yuánláirúcǐ。Hàorán , nǐ míngtiān zhēnde méi kōng ma?

그렇군요. 호연아 너 내일 정말 시간이 없어?

昊　然:已经有安排了，真的很感谢你的好意。

Yǐjīng yǒu ānpái le, zhēnde hěn gǎnxiè nǐ de hǎoyì 。

이미 스케줄이 있어서 너의 호의에 정말 고마워.

民　浩:那行吧。我不是很懂，两个人吃的话几寸的比较合适呢？

Nà xíng ba。Wǒ bú shì hěn dǒng , liǎng gè rén chī de huà jǐ cùn de bǐjiào
héshì ne ？

그럼 알겠어. 제가 잘 몰라서 그러는데 둘이 먹으면 몇 인치가 적당할까요?

店　员：六寸或者八寸吧。您看看，这是六寸的，这是八寸的。

Liù cùn huòzhě bā cùn ba。Nín kànkan，zhè shì liù cùn de，zhè shì bā cùn de。

6인치나 8인치요. 보세요. 이게 6인치고, 이게 8인치입니다.

民　浩：那我订一个六寸的吧。多少钱？

Nà wǒ dìng yí gè liù cùn de ba。Duōshǎo qián？

그럼 6인치 하나로 예약해주세요. 얼마인가요?

店　员：128元。

128 yuán。

128위안입니다.

民　浩：请问叉子和碟子是送还是要额外加钱买呢？

Qǐng wèn chāzi hé diézi shì sòng hái shì yào éwài jiā qián mǎi ne？

포크와 접시는 제공해 주시는 건가요 아니면 그 밖에 돈을 더 내야하는 건가요?

店　员：会送的。蜡烛也会送，您可以备注一下您要什么数字蜡烛。

Huì sòng de。Làzhú yě huì sòng，nín kěyǐ bèizhù yíxià nín yào shénme shùzì làzhú。

제공해드립니다. 초도 드리는데 어떤 숫자의 초를 드릴까요?

民　浩：我要一个"2"和一个"6"。

Wǒ yào yí gè"2"hé yí gè"6"。

한 개 2와 한 개는 6을 주세요.

昊　然：等一下。我们要一个"1"和一个"8"。

Děng yí xià。Wǒ men yào yí gè"1"hé yí gè"8"。

잠시만요. 저도 한 개 1과 한 개 8을 주세요.

民　浩：为什么？我的妻子是26岁啊。

Wèishénme？Wǒ de qī zi shì 26 suì ā

왜? 내 아내는 26살인걸.

昊　然：女人永远都是18岁，你怎么连这个都不懂？真不明白，像我这么体贴，怎么能还是一只"单身狗"呢？

Nǚrén yǒngyuǎn dōu shì 18 suì，nǐ zěnme lián zhè ge dōu bù dǒng？Zhēn bù míngbai，xiàng wǒ zhème tǐtiē，zěnme néng háishì yì zhī "dānshēngǒu" ne？

여자는 언제나 18살인데 왜 이것도 몰라? 나처럼 자상한 사람이 어떻게 계속 "독신"인지 모르겠어.

民　浩：哈哈。那你可得加油了。小姐您好，我要一个"1"和一个"8"吧。

Hā ha。Nà nǐ kě děi jiāyóu le。Xiǎojiě nín hǎo，wǒ yào yí gè "1" hé yí gè "8" ba。

하하. 그럼 힘네야겠네. 안녕하세요. 저도 한 개 1하고, 한 개 8로 주세요.

店　员：好的。请问什么时候要呢？是自取还是送货上门？

Hǎo de。Qǐng wèn shénme shíhou yào ne？Shì zìqǔ háishì sònghuò shàngmén？

알겠습니다. 언제 드릴까요? 직접 수령하시나요 아니면 배달 인가요?

民　浩：可以送货上门吗？需要加钱吗？

Kěyǐ sònghuò shàngmén ma？Xūyào jiā qián ma？

배달도 가능한가요? 추가로 돈을 지불해야 하나요?

店　员：您的消费金额满了100元，地址是本区的话，都可以免费送货上门的。您先提供一下您的地址，我看看在不在免费派送的范围内。

Nín de xiāofèi jīn'é mǎn le 100 yuán，dìzhǐ shì běn qū de huà，dōu kěyǐ miǎnfèi sònghuò shàngmén de。Nín xiān tígōng yíxià nín de dìzhǐ wǒ kànkan zài bu zài miǎnfèi pàisòng de fànwéi nèi。

당신의 소비금액이 100위안이 꽉 찼고, 주소가 이 지역이라면 모두 무료로 배달해 드릴 수 있습니다. 먼저 주소를 알려주시면 무료로 배달이 가능한 범위다 아닌지 확인해보겠습니다.

民 浩 : 我住的很近。闵行区建设略碧海蓝天小区三栋五楼07号。

Wǒ zhù de hěn jìn 。 Mǐn háng qū jiàn shè lù bì hǎi lán tiān xiǎo qū sān dòng wǔ lóu 07 hào 。

저는 가까이 살고 있습니다. 민항구 건설로 벽해 하늘 주택단지3동 5층 07호입니다.

店 员 : 好的。没问题，可以免费派送。时间呢？

Hǎo de。 Méi wèntí ， kěyǐ miǎnfèi pàisòng 。 Shíjiān ne?

네 문제없습니다. 무료로 배달이 가능합니다. 시간은요?

民 浩 : 明天下午6点吧。

Míngtiān xiàwǔ 6 diǎn ba 。

내일 오후 6시입니다.

店 员 : 好的，请您把电话号码留一下。

Hǎo de， qǐng nín bǎ diànhuà hàomǎ liú yíxià 。

네 실례지만 전화번호를 남겨주세요.

民 浩 : 19989889999。

19989889999。

19989889999。

店 员 : 请问您贵姓？

Qǐng wèn nín guì xìng ？

실례지만 성이 어떻게 되십니까?

民 浩 : 免贵姓金。

Miǎn guì xìng jīn 。

성은 김입니다.

店　员：好的，我再跟您确认一下信息。金先生，19989889999，明天下午
六点，闵行区建设路碧海蓝天小区三栋五楼07号，对吗？

　　　　Hǎo de, wǒ zài gēn nín quèrèn yíxià xìnxī. Jīn xiānsheng, 19989889999,
míngtiān xiàwǔ liù diǎn, mǐn háng qū jiàn shè lù bì hǎi lán tiān xiǎo qū sān dòng wǔ
lóu 07 hào, duì ma?

　　　　네 그럼 다시 정보를 확인하겠습니다. 김 선생님, 19989889999, 내일 오
후6시, 민항구 건설로 벽해 하늘 주택단지3동 5층 07호, 맞나요?

民　浩：没错。

　　　　Méi cuò。

　　　　맞습니다.

店　员：好的，明天会按时送到的。预祝您妻子生日快乐。

　　　　Hǎo de ，　míngtiān huì ànshí sòng dào de。Yù zhù nín qī zi shēngrì kuàilè。

　　　　알겠습니다. 내일 정시에 보내드릴게요. 당신의 아내의 생일을 미리 축
하드립니다.

民　浩：谢谢。再见。

　　　　Xièxie。Zài jiàn。

　　　　감사합니다. 안녕히 계세요.

店　员：再见。

　　　　Zài jiàn 。

　　　　안녕히 가세요.

昊　然：你明天早上记得给弟妹煮碗面条。

　　　　Nǐ míngtiān zǎoshang jìdé gěi dìmèi zhǔ wǎn miàntiáo 。

　　　　내일 아침 제수씨에게 꼭 국수 한 그릇을 끓여 주는거 기억해.

民　浩：为什么？

　　　　Wèishénme ？

왜?

昊　然 : 中国人叫这个 "长寿面", 寓意着长命百岁。我给你发个链接, 你一看就会做了。

　　　ZhōngGuóRén jiào zhè ge "chángshòumiàn", yùyì zhe chángmìngbǎisuì。Wǒ gěi nǐ fā gè liànjiē, nǐ yí kàn jiù huì zuò le。

　　　중국인들은 "장수면"이라고 부르는데 장수백세라는 뜻을 담고 있어. 내가 링크를 보내줄게. 넌 딱 보면 할 수 있을 거야.

民　浩 : 这就像咱们韩国人吃海带汤吧。行！谢谢你。

　　　Zhè jiù xiàng zánmen hánguó rén chī hǎidài tāng ba。 Xíng！Xiè xie nǐ。

　　　우리 한국인들이 먹는 미역국과 비슷하네! 알겠어! 고마워.

昊　然 : 别这么客气！

　　　Bié zhè me kè qi！

　　　사양하지 마!

语法

1. 原来......: 副词, 表示发现真实情况。

부사, 사실 상황을 발견함을 나타낸다.

例句 : 原来是你。

　　　我说夜里怎么这么冷, 原来是下雪了。

　　　原来我们是一个学校的。

2. ......的话: 结构助词, 用在表示假设的分句后面, 引出下文。

구조조사, 가정의 단문 뒤에 사용되고, 다음 문장을 끌어낸다.

例句：如果你有事的话，就不要来了。

他不想去的话，就不必勉强了。

他不来的话，你也别来了。

3. 主要……：最重要的，最基本的。 가장 중요하고, 가장 기본적인.

例句：我家的事儿主要听媳妇儿的。

主要看天气怎么样。

什么都好说，主要是你别再迟到了。

4. 就……来说：固定搭配，表示话题的范围。

고정격식, 화제의 범위를 나타낸다.

例句：就目前的就业形势来说，能找到一份好工作是很难的。

就我来说，我很喜欢这首歌。

就工作经验来说，他比别人要丰富些。

5. 说起来：着眼于某一方面。 어떤 방면에 착안하다.

这件事情说起来我也不对。

认真说起来，你也不是我喜欢的类型，开始为什么我这么喜欢你呢？

那首歌严格说起来也没那么好听。

6. ——请问您贵姓？——免贵姓……：敬辞，固定搭配。

경어, 고정격식.

例句：——请问您贵姓？

——免贵姓吴。

7. 一……就……: 前后事情紧接着。

전후의 두 가지 일·상황이 곧바로 이어짐을 나타낸다.

例句: 老师上课教的东西, 我一听就懂。

妈妈一回到家就开始做饭。

他一放下行李就到车间去了。

练习

1. 择合适的词语填空。

参考 样式 食材 口味 没空 好意 体贴 派送 确认 链接

(1) 有一位_____的丈夫是一件很幸福的事情。

(2) 你能把刚刚我们在网上看的那件衣服的_____发给我吗?

(3) 我最近都很忙, _____陪你出去玩了。

(4) 我们店里有各种各样的_____的衣服, 您随便选。

(5) 快递_____的时间大约是下午四点。

(6) _____答案在书的最后几页。

(7) 谢谢您的_____。

(8) 我最喜欢吃奶油_____的冰淇淋。

(9) 这些文物的年代尚未经专家_____。

(10) _____已经准备好, 就等大厨来大显身手了。

2. 使用本课学过的语法完成句子。

(1) _____效果_____, 贵的产品有贵的道理。

(2) 我_____见你_____开心。

(3) 这辆车_____是你的。

(4) 产品好不好，_____看效果。

(5) 这件事情的_____责任在我。

(6) 严格_____，我并不是这家公司的员工。

(7) 你喜欢_____，我就送给你。

(8) ——请问您_____？——_____姓张。

(9) _____想到马上要上班了我_____很难过。

(10) 找半天没找到你，_____你在这里。

阅读材料

家庭自制电饭煲蛋糕的做法
가정에서 직접 밥솥 케이크 만드는 방법

食材: 재료:

面粉 100克 밀가루 100그램

鸡蛋 4个 계란 4개

白糖 适量 설탕 적당량

纯牛奶 1盒 순우유 1박스

奥利奥饼 2块 오레오레 2조각

彩虹糖 适量 스키틀즈 적당량

奥利奥巧脆卷 适量 오레오 초콜릿 웨이퍼롤 적당량

奶酪 适量 치즈 적당량

巧克力酱 适量 초콜릿 잼 적당량

万法/步骤 방법/설차

1.先把蛋清和蛋黄分开,把蛋清用蛋打器打散,打成像牛奶一样白白的。
　먼저 계란 흰자와 계란 노른자를 분리하고, 달걀 흰자를 거품기로 풀어 우유처럼 하얗게 만든다.

2.再把蛋黄放在面粉里面,面粉大概加3杯的量,再把蛋黄搅均匀。
　다시 노른자를 밀가루 안에 넣고, 밀가루는 대략 3컵의 양을 넣고, 노른자를 잘 섞는다.

3.再加上白沙糖搅均匀。
　거기에 흰 설탕을 잘 섞는다.

4.再慢慢加上牛奶,慢慢搅均匀。
　우유를 천천히 넣어 골고루 섞는다.

5.再把搅好的蛋清放在搅好的面粉里面,再放电饭煲里面,调在蒸蛋糕选项,大概半个小时后,蛋糕就蒸好了,金黄亮色的,非常漂亮。
　다시 다 섞은 달걀 흰자를 다 섞은 밀가루에 넣고, 밥솥 안에 넣고, 찜 케이크 옵션에 맞추고, 30분 정도 지나면 케이크가 쪄지고, 금빛이 도는 것이 아주 예쁘다.

6.然后再把蛋糕用碟子装起来,先用巧克力酱和彩虹糖做好装饰。
　그리고 나서 케이크를 접시에 담고, 먼저 초콜릿 잼과 스키틀즈로 장식을 한다.

7.再加上其他的辅料。
　거기에 다른 부재료를 추가한다.

即可食用。
바로 먹을 수 있다.

注意事项: 주의 사항:
如果喜欢水果的,可以加一些水果或者自己再一层奶油在上面哦。
만약 과일을 좋아한다면, 약간의 과일이나 스스로 크림을 위에 추가하세요.

买玩具
장난감 구매하기

民浩的科长邀请他周末去家里吃饭。科长有一个五岁的儿子,他们准备给孩子买一个玩具做礼物。

민호의 과장님이 그를 주말에 집에 초대하여 식사를 한다. 과장님에게는 다섯 살 난 아들이 있는데 그들은 아이에게 선물로 장난감을 하나 사주려고 한다.

生词

学龄前 xué líng qián	미취학. 취학 전.
幼儿 yòu ér	[명사]유아.
娃娃家 wá wa jiā	인형의 집.
科长 kē zhǎng	[명사]과장.
乖 guāi	[형용사](어린이가) 얌전하다. 말을 잘 듣다.
开发 kāi fā	[동사](재능 등을) 개발하다.
培养 péi yǎng	[동사]양성하다. 키우다.
动手能力 dòng shǒu néng lì	실행 능력. 실천 능력.
模型 mó xíng	[명사]모형. 모델.
科学玩具 kē xué wán jù	과학 완구.

欧美 ōu měi		[명사]구미. 유럽과 아메리카.
火 huǒ		[형용사]인기 있는.
技术 jì shù		[명사]기술.
工程 gōng chéng		[명사]공학.
数学 shù xué		[명사]수학.
基础 jī chǔ		[명사]기초.
逻辑技能 luó jí jì néng		논리 기능.
建筑 jiàn zhù		[동사]건축하다. 건설하다. [명사]건축물.
积木 jī mù		[명사]쌓기 나무. 나무 블록.
套件 tào jiàn		세트.
新手工程师 xīn shǒu gōng chéng shī		신참 공정사. 신참 기사.
自制 zì zhì		[동사]손수 제작하다. 스스로 만들다.
吊桥 diào qiáo		[명사]도개교. 가동교.
斗式自动扶梯 dǒu shì zì dòng fú tī		체인 버킷 에스컬레이터.
乐高 lè gāo		레고.
雕像 diāo xiàng		[명사]조상. 조각상.
图解手册 tú jiě shǒu cè		도해 안내서.
家长 jiā zhǎng		[명사]가장. 세대주. (미성년의) 학부모. 보호자.
适当 shì dàng		[형용사]적당하다. 적절하다. 적합하다.
亲子 qīn zǐ		[명사]부모와 자식.
熟悉 shú xī		[동사] (어떤 사람·사물에 대해) 잘 알다. 익히 알다.
滑轮系统 huá lún xì tǒng		도르래 시스템.
结构 jié gòu		[명사]구성. 구조. 조직.
设计 shè jì		[동사]설계하다. 디자인하다.

机器 jī qì	[명사]기계. 기기.
发挥 fā huī	[동사]발휘하다.
创造力 chuàng zào lì	[명사]창의력. 창조력.
锻炼 duàn liàn	[동사](몸을) 단련하다.
编程 biān chéng	[동사] (컴퓨터의) 프로그램을 작성하다.
兑换 duì huàn	[동사]현금과 바꾸다. 화폐로 교환하다.
包装 bāo zhuāng	[명사, 동사] 포장(하다).
打包处 dǎ bāo chù	포장소.
包装纸 bāo zhuāng zhǐ	[명사]포장지.
装饰花 zhuāng shì huā	코르사주.

对话

导购员：欢迎光临！两位想买什么玩具？

Huānyíng guānglín！Liǎng wèi xiǎng mǎi shénme wánjù？

어서 오세요! 두 분은 어떤 장난감을 사고 싶으세요?

民　浩：我们想买适合五岁的男孩儿玩的玩具。

Wǒ men xiǎng mǎi shìhé wǔ suì de nánháir wán de wánjù。

저희는 다섯 살짜리 남자아이가 놀기에 적당한 장난감을 사고 싶어요.

导购员：这样的话，您们跟我来，那边有更多适合学龄前的男孩的玩具，这里是比较适合3岁以内的幼儿玩的娃娃家玩具。

Zhè yàng dehuà， nín men gēn wǒ lái， nàbian yǒu gèngduō shìhé xuélíngqián de nánhái de wánjù， zhèlǐ shì bǐjiào shìhé 3 suì yǐnèi de yòuér wán de wáwajiā wánjù 。

그러면 저를 따라오시면 저쪽에 미취학 남자아이에게 어울리는 장난감
이 더 많이 있어요. 여기는 3살 이내의 유아들이 놀기에 비교적 적합한 인형의 집
장난감입니다.

民　浩：好的，谢谢您。

Hǎo de ，　xièxie nín 。

네 감사합니다.

导购员：您们太客气了。您们看看想要买哪种玩具呢？

Nín men tài kèqi le 。Nín men kànkan xiǎng yào mǎi nǎzhǒng wánjù ne ？

너무 겸손하시네요. 어떤 종류의 장난감을 사고 싶은지 보시겠어요?

民　浩：太多了。我们先随便看看，有需要再找您吧！

Tài duō le 。Wǒ men xiān suíbiàn kàn kan ，yǒu xūyào zài zhǎo nín ba ！

너무 많네요. 일단 먼저 구경하고, 필요하신 게 있으면 다시 찾아오겠습
니다!

导购员：好的，请随便看。

Hǎo de ，　qǐng suíbiàn kàn 。

네, 편하게 보세요.

民　浩：谢谢。

Xièxie 。

감사합니다.

希　真：你知道科长的儿子喜欢什么样的玩具吗？

Nǐ zhīdào kēzhǎng de érzi xǐhuan shénme yàng de wánjù ma ？

과장님 아들이 어떤 장난감을 좋아하는지 알아?

民　浩：我怎么会知道？我也是第一次去他家。

Wǒ zěnme huì zhīdào？Wǒ yě shì dìyīcì qù tā jiā。

내가 어떻게 알겠어? 나도 과장님 집에 처음 가.

希　真：平时你们聊天的时候都没有说起过吗？

Píngshí nǐ men liáotiān de shíhou dōu méiyǒu shuō qǐ guò ma？

평소에 너희들끼리 이야기할 때 말 안 했어?

民　浩：我记得科长说过他儿子挺乖挺安静的。

Wǒ jìdé kēzhǎng shuō guò tā érzi tǐng guāi tǐng ānjìng de。

과장님이 아들이 매우 얌전하고, 조용하다고 말한 것이 기억나.

希　真：那么你看这种玩具怎么样？上面写着 "开发大脑" 还有 "培养动手能力"，应该会比较适合安静的小朋友玩吧？

Nàme nǐ kàn zhè zhǒng wánjù zěnmeyàng？Shàngmian xiě zhe " kāifā dànǎo " háiyǒu " péiyǎng dòngshǒu nénglì "，yīnggāi huì bǐjiào shìhé ānjìng de xiǎopéngyou wán ba？

그러면 이런 장난감을 보는 건 어때? "뇌를 개발하라"는 문구와 "손을 잘 쓰는 능력"이 적혀 있어. 조용한 어린이가 놀기에 좋을 것 같은데?

民　浩：我觉得不太好，要是越来越安静怎么办？男孩子还是要有男孩子的样子，给他买个车模型或者别的什么的吧！

Wǒ juéde bú tài hǎo，yàoshì yuè lái yuè ānjìng zěnmebàn？Nán háizi háishì yào yǒu nán háizi de yàngzi，gěi tā mǎi gè chē móxíng huòzhě biéde shénme de ba！

나는 별로 좋지 않다고 생각해. 점점 조용해지면 어떻게 해? 남자애들은 여전히 남자아이 다운 모습이 있어야해. 차 모형이나 또는 다른 걸 사주자!

希　真：这些玩具人家说不定已经有很多了，既然送了，就送个特别一点的玩具吧！

Zhè xiē wánjù rénjia shuōbúdìng yǐjīng yǒu hěn duō le，jìrán sòng le，jiù sòng gè tèbié yì diǎn de wánjù ba！

이 장난감들은 이미 많은 사람들이 가지고 있을지도 모르니 기왕 선물하는거 좀 더 특별한 장난감을 선물해주자!

民　浩 : 你说的的确有道理，但是什么是特别 点的玩具呢？

Nǐ shuō de díquè yǒu dàolǐ，dànshì shénme shì tèbié yì diǎn de wánjù ne？

네가 말한게 확실히 일리가 있지만 좀 특별한 장난감은 뭐야?

希　真 : 要不然咱们买一个科学玩具给他吧？我听说这个玩具最近在欧美国家还挺火的。就是不知道这里有没有卖。

Yàobùrán zánmen mǎi yí gè kēxué wánjù gěi tā ba？Wǒ tīngshuō zhè ge wánjù zuìjìn zài ōuměi guójiā hái tǐng huǒ de。Jiùshì bù zhīdào zhè lǐ yǒu méi yǒu mài。

그렇지 않으면 우리 과학 장난감을 하나 사줄까? 내가 듣기로는 이 장난감이 최근 구미 국가에서 유행한다고 들었어. 여기서 파는지 안 파는지 알 수 없어.

民　浩 : 问问导购呗。

Wènwen dǎogòu bei。

쇼핑 가이드에게 물어보자.

希　真 : 小姐，您好。我们想买个科学玩具，哪里有呢？

Xiǎojiě, nín hǎo。Wǒ men xiǎng mǎi gè kēxué wánjù, nǎlǐ yǒu ne？

아가씨, 안녕하세요. 과학 장난감을 사고 싶은데요. 어디에 있을까요?

导购员 : 请跟我来，我们这里有一个STEM玩具区，有很多科学、技术、工程和数学类的玩具，这些科技玩具可以帮助孩子们培养工程基础及逻辑技能的能力。您们看看是不是您们想要的那种呢？

Qǐng gēn wǒ lái，wǒ men zhèlǐ yǒu yígè STEM wánjùqū，yǒu hěn duō kē xué、jì shù、gōngchéng hé shùxué lèi de wánjù，zhèxiē kējì wánjù kěyǐ bāngzhù háizi men péiyǎng gōngchéng jīchǔ jí luóji jìnéng de nénglì。Nín men kànkan shì bu shì nín men xiǎng yào de nà zhǒng ne？

저를 따라오세요. 이곳에는 STEM 장난감 구역이 하나 있는데 과학, 기술, 공학 그리고 수학과 같은 많은 장난감들이 있어요. 이 과학 기술 장난감들은 아이들이 공학 기초 및 논리 기능을 기르는 데 도움을 줄 수 있습니다. 혹시 원하시는 그런 게 아닌가요?

民 浩：您可以给我们介绍一下吗？哪种比较适合5岁的孩子呢？

Nín kěyǐ gěi wǒ men jièshào yíxià ma？Nǎzhǒng bǐjiào shìhé 5 suì de háizi ne？

저희에게 소개해 주실 수 있나요? 어떤 것이 5살짜리 아이에게 잘 어울릴까요?

导购员：您们看看这种建筑积木怎么样？

Nín men kànkan zhè zhǒng jiànzhù jīmù zěnmeyàng？

이런 건축물 나무 블록은 어떠세요?

希 真：和别的积木比起来，有什么特别的地方吗？

Hé biéde jīmù bǐ qǐlái，yǒu shénme tèbié de dìfang ma？

다른 나무 블록과 비교해 볼 때 특별한 점이 있나요?

导购员：这套玩具总共有77个小套件，小朋友可以扮演新手工程师，通过自制的吊桥，拉链线或斗式自动扶梯升起他们的乐高小雕像。

Zhè tào wánjù zǒnggòng yǒu 77 gè xiǎo tàojiàn，xiǎopéngyou kěyǐ bànyǎn xīnshǒu gōngchéngshī，tōngguò zìzhì de diàoqiáo，lā liànxiàn huò dǒushì zìdòng fútī shēngqǐ tā men de lègāo xiǎo diāoxiàng。

이 장난감 세트는 총 77개의 작은 세트를 가지고 있어요. 어린 친구들은 신참 기사로 연기할 수 있고, 스스로 만드는 가동교, 지퍼 또는 체인 버킷 에스컬레이터를 통해 그들의 레고 작은 조각상을 떠올릴 수 있습니다.

民 浩：听起来很有趣。但是会不会很难啊？

Tīng qǐlái hěn yǒuqù。Dànshì huì bu huì hěn nán a？

재미있을 것 같아요. 하지만 어렵지 않나요?

导购员：不会的，里面有图解手册，家长也可以适当地提供帮助，刚好也能增进亲子的交流嘛。孩子们在熟悉滑轮系统的结构后，再亲自将自己设计的简单机器组合在一起。玩的时候，小工程师也能在他们的项目中发挥创造力，是一个很好的锻炼。

Bú huì de, lǐmiàn yǒu tújiěshǒucè ， jiāzhǎng yě kěyǐ shìdāng de tígōng bāngzhù ， gānghǎo yě néng zēngjìn qīnzǐ de jiāoliú ma 。Háizi men zài shúxī huálún xìtǒng de jiégòu hòu ， zài qīnzì jiāng zìjǐ shèjì de jiǎndān jīqì zǔhé zài yìqǐ 。Wán de shíhou ， xiǎo gōngchéngshī yě néng zài tā men de xiàngmù zhōng fāhuī chuàngzàolì ， shì yígè hěn hǎo de duànliàn 。

아닙니다. 그 안에 도해 안내서가 있어서 학부모도 적당히 도와줄 수 있고, 마침 부모와 자식의 교류도 증진시킬 수 있어요. 아이들은 도르래 시스템의 구조를 익히고 나서 자신이 디자인한 간단한 기계를 직접 조합합니다. 놀이를 할 때, 어린 엔지니어도 그들의 프로젝트에서 창의력을 발휘할 수 있어 좋은 훈련입니다.

希　真：我感觉这个挺不错的，还有其他的推荐吗？让我们选一选。

Wǒ gǎnjué zhè ge tǐng bú cuò de, háiyǒu qítā de tuījiàn ma ？Ràng wǒ men xuǎn yi xuǎn 。

저는 이게 매우 괜찮은 것 같아요. 또 다른 것 추천해주실게 있나요? 저희가 골라볼게요.

导购员：其他的可能有点难，像这个涉及到编程，也有不少人买，您们想要了解一下吗？

Qítā de kěnéng yǒu diǎn nán ， xiàng zhège shèjí dào biānchéng ， yě yǒu bù shǎo rén mǎi ， nín men xiǎng yào liǎojiě yíxià ma ？

다른 것들은 좀 어려울 수 있어요. 이것처럼 프로그래밍에 관한 것도 있고, 사는 사람도 많은데 한번 알아보시겠어요?

民　浩：那可就太难了，还是算了吧，我们就买这个建筑积木。

Nà kě jiù tài nán le ， háishì suàn le ba ， wǒ men jiù mǎi zhè ge jiànzhù jīmù 。

그럼 너무 어렵네요. 아니에요. 저희는 이 건축물 나무 블록을 살게요.

希　真 : 现在有什么打折促销活动吗？

Xiànzài yǒu shénme dǎzhé cùxiāo huódòng ma？

지금 무슨 할인 이벤트라도 있나요?

导购员 : 消费满不同的金额可以兑换不同的礼品，在收银台结账的时候就能看见了。

Xiāofèi mǎn bùtóng de jīn'é kěyǐ duìhuàn bùtóng de lǐpǐn，zài shōuyíntái jiézhàng de shíhou jiù néng kànjiàn le。

소비한 금액에 따라 다른 선물을 교환할 수 있어요. 계산대에서 계산하실 때 볼 수 있습니다.

民　浩 : 好的。请问您们提供包装服务吗？我们是买来送人的。

Hǎo de。Qǐng wèn nín men tígōng bāozhuāng fúwù ma？Wǒ men shì mǎi lái sòng rén de。

알겠습니다. 포장 서비스를 제공해주시나요? 저희는 다른 사람에게 줄 선물을 사러 왔어요.

导购员 : 没问题。我先给您们拿一个新的，您们付好钱后再到收银台旁边的打包处，有人会给您们包装，您们可以自己选包装纸和装饰花。

Méi wèntí。Wǒ xiān gěi nín men ná yígè xīn de，nín men fù hǎo qián hòu zài dào shōuyíntái pángbiān de dǎbāochù，yǒu rén huì gěi nín men bāozhuāng，nín men kěyǐ zìjǐ xuǎn bāozhuāng zhǐ hé zhuāngshì huā。

문제없습니다. 제가 먼저 새로운 것을 가져다 드리겠습니다. 돈을 지불한 후에 계산대 옆의 포장소에 가면 포장해 드릴 것이고, 스스로 포장지와 코르사주를 고를 수 있습니다.

希　真 : 好的。非常感谢。

Hǎo de。Fēicháng gǎnxiè。

네 정말 감사합니다.

（付好钱来到打包处）

(Fù hǎo qián lái dào dǎbāochù)

(결제 후 포장소에 도착했다)

民 浩 : 您好, 我们要包装这个玩具。

Nín hǎo, wǒ men yào bāozhuāng zhè ge wánjù。

안녕하세요. 저희는 이 장난감을 포장하려고 합니다.

打包员 : 好的, 您们看看要选哪个包装纸和装饰花? 包装的样式也可以自己选, 这里有图片。

Hǎo de, nín men kànkan yào xuǎn nǎgè bāozhuāng zhǐ hé zhuāngshì huā? Bāozhuāng de yàngshì yě kěyǐ zìjǐ xuǎn, zhèlǐ yǒu túpiàn。

네, 어떤 포장지와 코르사주을 고르실지 보시겠어요? 포장된 양식도 스스로 고를 수 있어요. 여기에 그림이 있습니다.

民 浩 : 我们要这种吧。

Wǒ men yào zhèzhǒng ba。

저희는 이걸로 할게요.

打包员 : 没问题。请您稍等。

Méi wèntí。Qǐng nín shāoděng。

네 잠시만 기다려주세요.

希 真 : 要多久啊? 时间长的话我们就先去别的地方逛逛。

Yào duō jiǔ a? Shíjiān cháng dehuà wǒ men jiù xiān qù biéde dìfang guàng guang。

얼마나 걸릴까요? 시간이 오래걸리면 다른 곳을 먼저 구경하러 갈게요.

打包员 : 十来分钟吧。

Shí lái fēnzhōng ba。

10분 정도요.

民 浩 : 那我们就在这儿等一等吧。

Nà wǒ men jiù zài zhèr děng yi děng ba。

그럼 저희는 여기서 기다리겠습니다.

打包员：好嘞。马上好。

Hǎo lei。Mǎshàng hǎo。

좋아요. 금방 됩니다.

1. 3岁以内：方位词，在一定的时间、处所、数量、范围的界限之内。

방위사, 일정한 시간, 장소, 수량, 범위의 경계 안에.

例句：今年以内一定要找到男朋友。

我只买500元以内的衣服。

夏威夷州位于北回归线以内，属热带气候。

2. ......的时候：多项定语的排序。 여러 항목의 관형어의 배열한 순서.

例句：吃饭的时候不准玩手机。

昨天你跟我说的时候可不是这样的。

在商场疯狂购物的时候你怎么不想想信用卡呢？

3. 咱们：总称己方和对方。 우리와 상대방의 총칭.

例句：你来得正好，咱们商量一下。

咱们是一家人。

咱们一块去图书馆吧。

4. 就是……:连词,表示假设的让步。 접속사, 가정의 양보를 나타낸다.

例句:为了祖国,就是付出生命也不吝惜。

　　　就是在日常生活中,也需要有一定的科学知识。

　　　我七点有时间,就是不知道您是否方便?

5. 亲自:情态副词,自己直接。 정태부사, 직접적인.

例句:亲自主持会议。

　　　你亲自去一趟吧。

　　　库房的门总是由他亲自开关,别人从来不经手。

6. 像……:"比如、如" 的意思。 "比如、如"의 의미.

例句:像大熊猫这样的珍惜动物,要加以保护。

　　　你喜欢像蛋糕啊、巧克力啊这样的甜食吗?

　　　像面条这样的食物养胃。

7. 十来分钟:用在 "十、百、千" 等数次或数量词后面表示概数。

"十、百、千"등 과 같은 여러 번 또는 수량사 뒤에서 어림수를 표시한다.

例句:快递十来天才收到。

　　　李阿姨五十来岁。

　　　这块肉三斤来重。

1. 选择合适的词语填空。

学龄前 乖 道理 火 雕像 家长 机器 创造力 锻炼 包装

（1）＿＿＿＿＿＿要对孩子有耐心，孩子才会愿意沟通。

（2）这首歌曲目前特别＿＿＿＿＿＿。

（3）这个手工作品非常具有＿＿＿＿＿＿。

（4）＿＿＿＿＿＿的小朋友大家都喜欢。

（5）这栋大楼前面有一座名人的＿＿＿＿＿＿。

（6）这个运动能＿＿＿＿＿＿我们手臂的肌肉。

（7）工厂里有很多＿＿＿＿＿＿。

（8）你的话很有＿＿＿＿＿＿，我完全同意。

（9）有些商品的＿＿＿＿＿＿很漂亮，可是里面很一般。

（10）＿＿＿＿＿＿的儿童要上幼儿园。

2. 使用本课学过的语法完成句子。

（1）从我们这儿到他们那儿大约二十＿＿＿＿＿＿分钟的路程。

（2）＿＿＿＿＿＿一起去游泳吧。

（3）13岁＿＿＿＿＿＿的儿童不允许玩这个娱乐设施。

（4）我们一起走路回家＿＿＿＿＿＿去了市场。

（5）谢谢你＿＿＿＿＿＿为我下厨。

（6）＿＿＿＿＿＿饿死，我也不吃臭豆腐。

（7）＿＿＿＿＿＿他那样这么优秀的人，怎么会找不到好的工作呢？

(8) 她还在上幼儿园就会做100 的加减法了。

(9) 400个字_____的作文，你写这么久，还没写完？

(10) _____下雨，我也要去运动。

阅读材料

玩具的分类:

장난감의 분류:

根据儿童玩具种类不同，其功能也不同:

어린이 장난감 종류에 따라 기능이 다르다.

1、拼图玩具类 퍼즐 장난감류

提高儿童的认知能力、分析能力、想象力，培养幼儿的成就感。

아동의 인지능력, 분석능력, 상상력을 향상시키고 유아의 성취감을 배양한다.

2、游戏玩具类 게임 장난감류

在提高儿童认知能力的基础上，培养孩子的动手、动脑能力，开发他们的思维、锻炼操作技巧和手眼协调的能力。

아동의 인지능력의 기초 위에 향상시키고, 아이의 손놀림, 머리 쓰는 능력을 기르고, 그들의 사고를 개발하며 조작 기교와 손눈의 조화 능력을 단련한다.

3、数字算盘文字类 숫자 주판 문자류

在训练孩子镶嵌能力的同时，进行大动作的练习，训练幼儿的精细动作，启发孩子对形状、数、量的准确理解，进而锻炼肌肉的灵活性。

아이의 상감 능력을 훈련시키면서 큰 동작을 하는 연습, 유아의 섬세한 동작을 훈련시켜 모양, 수, 양에 대한 정확한 이해를 계발하고, 나아가 근육을 단련하는 유연성을 기른다.

4、益智组合类 지능 조합류.

培养孩子的空间想象能力及精细动手操作能力, 从而加深对时间、动物、交通工具和房屋形状、颜色等方面的理性理解。

아이의 공간적 상상능력 및 정교한 손놀림 능력을 키워 시간, 동물, 교통수단과 집의 모양, 색깔 등에 대한 이성적 이해를 깊게 한다.

5、积木类 블록류

激发孩子们的动手兴趣, 培养幼儿合理组合搭配的意识和空间想象能力;巧妙的拖拉设计, 锻炼儿童的行走能力, 鼓励孩子的创作成就感。

아이들의 손놀림을 흥미를 불러일으키고, 유아들이 합리적으로 조화의 의식과 공간적 상상력을 기르며, 교묘한 시간을 끄는 디자인을 하고, 어린이의 걷는 능력을 단련하며 아이의 창작 성취감을 장려한다.

6、交通玩具类 교통 장난감류

通过提高儿童对火车、汽车及各种工程车的构造的认知和了解, 在些基础上训练其组装、拖拉和整理的能力, 提高动手意识和生活自理能力, 并通过拼搭了解物体之间的变换关系。

기차, 자동차 및 각종 공사 차량의 구조에 대한 어린이의 인지와 이해를 향상시킴으로써 기초에서 조립, 시간을 끌고 및 정리하는 능력을 훈련시킴으로써 손 감각과 생활 자립력을 높이고, 물체 사이의 변환 관계를 맞춤으로써 파악한다.

7、拼板玩具类 합판 장난감류

由各种形状各异、内容丰富的拼板组成, 在儿童对图形的组合、拆分、再组合有一定认知的基础上, 锻炼独立思考的能力, 同时培养他们的耐心和持之以恒的精神。

다양한 모양과 내용이 풍부한 합판으로 구성되어 있으며 어린이가 도형에 대한 조합, 분해, 재조합을 어느 정도 인지할 수 있는 기초 위에서 독립적으로 사고하는 능력을 단련하는 동시에 그들의 인내심과 꾸준한 정신을 길러준다.

免税店
면세점

两人放假时回国探亲，在免税店给亲戚朋友买礼物和纪念品。

두 사람은 방학 때 귀국해 친척을 방문하고, 면세점에서 친척과 친구들에게 줄 선물과 기념품을 구매한다.

生词

特产 tè chǎn	[명사]특산물. 특산품.
专卖店 zhuān mài diàn	[명사]전문 매장.
商场 shāng chǎng	[명사]대형 상가. 대형 쇼핑몰.
护照 hù zhào	[명사]여권.
抱歉 bào qiàn	[동사]미안하게 생각하다. 죄송합니다.
连续 lián xù	[동사]연속하다. 계속하다.
港澳台 gǎng ào tái	[명사]홍콩·마카오·대만.
旅客 lǚ kè	[명사]여객. 여행객. 여행자.
旅游签证 lǚ yóu qiān zhèng	여행 비자.
操作 cāo zuò	[동사]조작하다. 다루다. 처리하다.
环境 huán jìng	[명사]환경.

标志 biāo zhì		[명사]표지. 지표. 상징.
启用 qǐ yòng		[동사]사용하기 시작하다. 사용 개시하다.
托运 tuō yùn		[동사] (짐·화물 따위를) 탁송하다. 위탁 운송하다.
出境 chū jìng		[동사]국경을 넘다. 출국하다.
复杂 fù zá		[형용사]복잡하다.
其实 qí shí		[부사]사실. 실제(로는).
协助 xié zhù		[동사]협조하다. 협력하다. 보조하다.
宣传册 xuān chuán cè		홍보 책자.
详细 xiáng xì		[형용사] 상세하다. 자세하다.
索取 suǒ qǔ		[동사]요구하다. 달라고 하다. 구하다.
保管 bǎo guǎn		[동사]보관하다.
票据 piào jù		[명사] (운송 화물 따위의) 인수증. 영수증.
发票 fā piào		[명사]영수증. 영수서.
海关 hǎi guān		[명사]세관.
核验 hé yàn		[동사]대조 확인하다. 검사하다.
隔离区 gé lí qū		격리 구역.
税率 shuì lǜ		[명사]세율.
代理机构 dài lǐ jī gòu		대표 기관. 대행 기관.
比率 bǐ lǜ		비율.
丝巾 sī jīn		[명사]비단 스카프.
扇子 shàn zi		[명사]부채.
品质 pǐn zhì		[명사]품성.
土特产 tǔ tè chǎn		[명사]토산품과 특산품. 지역 특산품.
亲戚朋友 qīn qi péng you		친척과 친구들.

负一楼 fù yī lóu	지하1층.
境外 jìng wài	[명사]경외 (일정한) 지역 밖.
实用 shí yòng	[동사]실제로 쓰다[사용하다]. [형용사]실용적이다.
体验 tǐ yàn	[명사, 동사] 체험(하다).
实在人 shí zai rén	성실한 사람.
优惠券 yōu huì quàn	할인권. 쿠폰.
扫 sǎo	스캔하다.

对话

导购员: 欢迎光临！请问两位想买什么？

Huānyíng guānglín！Qǐng wèn liǎng wèi xiǎng mǎi shénme？

어서 오세요! 두 분은 무엇을 사고 싶으신가요?

希 真: 您好，我想看看特产。

Nín hǎo，wǒ xiǎng kànkan tèchǎn。

안녕하세요, 특산물을 좀 보고 싶은데요.

导购员: 请随便看，我们店是特产专卖店，店里的特产相当齐全。

Qǐng suíbiàn kàn，wǒ men diàn shì tèchǎn zhuānmàidiàn，diàn lǐ de tèchǎn xiāngdāng qíquán。

자유롭게 구경하세요. 저희 매장은 특산품 전문점으로 특산물이 상당히 완비되어 있습니다.

民 浩: 请问一下您家可以退税吗？

Qǐng wèn yíxià nín jiā kěyǐ tuìshuì ma？

실례합니다만, 세금을 환급받을 수 있습니까?

导购员 : 可以的，这个商场的所有商户都能退税，麻烦您的护照给我看一下。

Kěyǐ de， zhège shāngchǎng de suǒyǒu shānghù dōu néng tuìshuì， máfan nín de hùzhào gěi wǒ kàn yíxià。

가능합니다. 이 상가의 모든 상점에서 세금을 환급받을 수 있습니다. 번거로우시겠지만 여권을 보여주세요.

民　浩 : 给您。

Gěi nín。

여기 있습니다.

导购员 : 我看了一下，您是来工作不是来旅游对吗？

Wǒ kàn le yíxià， nín shì lái gōngzuò bú shì lái lǚyóu duì ma？

제가 한번 보겠습니다. 당신은 관광 오신게 아니라 일하러 오신게 맞나요?

民　浩 : 没错。我是来工作的。

Méi cuò。 Wǒ shì lái gōngzuò de。

맞습니다. 저는 일하러 왔습니다.

导购员 : 很抱歉！只有在中国连续居住不超过183天的外国人和港澳台旅客才可以退税呢！

Hěn bàoqiàn！Zhǐyǒu zài ZhōngGuó liánxù jūzhù bù chāoguò 183 tiān de wàiguórén hé gǎng'àotái lǚkè cái kěyǐ tuìshuì ne！

죄송합니다! 중국에서 183일 이상 거주하지 않는 외국인과 홍콩·마카오·대만여행객만 세금을 환급받을 수 있습니다.

民　浩 : 原来是这样。

Yuánlái shì zhèyàng。

원래 이랬군요.

导购员：这位女士呢？您的是旅游签证吗？

Zhè wèi nǚshì ne？Nín de shì lǚyóu qiānzhèng ma？

이 여성분은요? 여행 비자 인가요?

希　真：我的也不是。我们在中国已经生活了近一年了。

Wǒ de yě búshì。Wǒ men zài ZhōngGuó yǐjīng shēnghuó le jìn yìnián le。

저도 아니에요. 저는 이미 중국에서 생활한지 1년 가까이 돼가요.

导购员：怪不得普通话说得这么好。

Guàibùde pǔtōnghuà shuō de zhème hǎo。

어쩐지 표준어를 이렇게 잘하더라니.

民　浩：我想咨询您一下，如果我的朋友拿旅游签证来玩的话，就可以退税是吗？

Wǒ xiǎng zīxún nín yíxià， rúguǒ wǒ de péngyou ná lǚyóu qiānzhèng lái wán de huà， jiù kěyǐ tuìshuì shì ma？

문의를 드리고 싶은데요. 만약 제 친구가 관광비자를 가지고 놀러오면 세금을 환급받을 수 있나요?

导购员：是的。

Shì de。

네.

民　浩：那要怎么操作呢？我有不少朋友说等我熟悉了中国的环境要到中国来玩，我刚好先了解一下。

Nà yào zěnme cāozuò ne？Wǒ yǒu bùshǎo péngyou shuō děng wǒ shúxī le ZhōngGuó de huánjìng yào dào ZhōngGuó lái wán， wǒ gānghǎo xiān liǎojiě yíxià。

그럼 어떻게 처리해야 할까요? 제가 중국 환경에 익숙해지면 중국에 놀러오겠다고 말하는 친구들이 꽤 있는데 제가 마침 먼저 알아봐야겠어요.

导购员：没问题。首先要看准商店是不是退税商店，一般退税商店在入口都会贴这个可以退税的标志；其次，需要旅客在同一天内在同一退税商店消费到500元人民币，而且退税物品不能启用，90天内由本人随身携带或者托运出境才可以办理退税；最后跟您们说一下退税的流程吧。

Méi wèntí 。 Shǒuxiān yào kàn zhǔn shāngdiàn shì bu shì tuìshuì shāngdiàn , yìbān tuìshuì shāngdiàn zài rùkǒu dōu huì tiē zhè ge kěyǐ tuìshuì de biāozhì ；Qícì , xūyào lǚkè zài tóng yì tiān nèi zài tóng yí tuìshuì shāngdiàn xiāofèi dào 500 yuán rén mín bì , érqiě tuìshuì wùpǐn bù néng qǐyòng , 90 tiān nèi yóu běnrén suíshēn xiédài huòzhě tuōyùn chūjìng cái kěyǐ bànlǐ tuìshuì ；Zuìhòu gēn nín men shuō yíxià tuìshuì de liúchéng ba 。

문제 없습니다. 우선 상점이 세금 환급 상점인지 아닌지를 봐야 합니다. 보통 세금 환급 상점은 입구에서 세금 환급이 가능한 표시가 붙어 있습니다. 다음은 여행객이 같은 날에 500위안까지 같은 세금 환급 상점에서 소비를 해야 하며 또 세금 환급 물품은 사용할 수 없어 90일 이내에 본인이 휴대하거나 탁송으로 출국해야 환급을 받을 수 있습니다. 마지막으로 환불 절차를 알려드리도록 하겠습니다.

希　真 : 感觉有些复杂啊。

Gǎnjué yǒu xiē fùzá ā 。

좀 복잡한 느낌이네요.

导购员 : 其实不会的，您先了解一下，真正退税的时候都会有工作人员协助的。一会儿我也给您一份退税的宣传册吧，里面说的也很详细的。

Qíshí bú huì de ， nín xiān liǎojiě yíxià ， zhēnzhèng tuìshuì de shíhou dōu huì yǒu gōngzuòrényuán xiézhù de 。 Yíhuìr wǒ yě gěi nín yí fèn tuìshuì de xuānchuáncè ba ， lǐmiàn shuō de yě hěn xiángxì de 。

사실 그렇지 않습니다. 먼저 알아보세요. 정말 세금을 환급받을 때 마다 직원들의 협조가 있을 겁니다. 잠시 후에 저도 세금 환급 홍보물을 드릴게요. 안에 매우 자세하게 나와 있습니다.

希　真 : 好的，非常感谢。

Hǎo de， fēicháng gǎn xiè。

네 매우 감사합니다.

导购员 : 我大概说一下流程吧。首先记得跟商店索取《离境退税申请单》，记得保管好所有的票据；然后在离境时凭退税物品和相关资料向海关申报，海关核验、签章后，在口岸办理离境手续的隔离区向退税代理机构申请退税；最后办理领取退税款手续，有现金退税和银行转账退税两种方式。退税额超过1万元的，必须用银行转账的方式退税。

Wǒ dàgài shuō yíxià liúchéng ba。Shǒuxiān jìdé gēn shāngdiàn suǒqǔ 《líjìng tuìshuì shēnqǐngdān》，jìdé bǎoguǎn hǎo suǒyǒu de piàojù ；Ránhòu zài líjìng shí píng tuìshuì wùpǐn hé xiāngguān zīliào xiàng hǎiguān shēnbào， hǎiguān héyàn、qiānzhāng hòu，zài kǒuàn bànlǐ líjìng shǒuxù de gélíqū xiàng tuìshuì dàilǐ jīgòu shēnqǐng tuìshuì；Zuìhòu bànlǐ lǐngqǔ tuìshuìkuǎn shǒuxù， yǒu xiànjīn tuìshuì hé yínháng zhuǎnzhàng tuìshuì liǎng zhǒng fāngshì。Tuìshuì'é chāoguò 1 wàn yuán de，bìxū yòng yínháng zhuǎnzhàng de fāngshì tuìshuì。

제가 대략적인 과정에 대해 말씀드리겠습니다. 먼저 상점에 가셔서 "출국 세금 환급 신고서"를 받으시고, 모든 영수증을 보관하고, 그 다음 출국시 환급 물품과 관련 자료를 세관에 신고하고, 세관 검사, 서명한 후 항구에서 출국 수속을 하는 격리 구역은 세금 환급 대행 기관에 환급을 신청합니다. 마지막으로 세금 환급을 받는 절차를 밟으면 현금 환급과 은행 이체 환급의 두 가지 방식이 있습니다. 환급액이 만 위안이 넘는 것은 반드시 은행 계좌이체로 세금을 돌려받아야 합니다.

民 浩 : 明白了，您说的很清楚，非常感谢。

Míngbai le， nín shuō de hěn qīngchu， fēicháng gǎnxiè。

알겠습니다. 분명히 말씀해주셔서 매우 감사합니다.

导购员 : 不客气。

Bú kèqi。

천만에요.

希　真：请问一下退税的税率大约是多少啊？

　　　　Qǐng wèn yíxià tuìshuì de shuìlǜ dàyuē shì duōshǎo a？

　　　　실례합니다 세금환급 세율이 대략 얼마 정도 되나요?

导购员：本来退税商品的退税率为11%，但退税代理机构需要收取2%手续费。也就是说，按发票金额9%的比率申请退税。

　　　　Běnlái tuìshuì shāngpǐn de tuìshuìlǜ wéi 11%， dàn tuìshuì dàilǐ jīgòu xūyào shōuqǔ 2% shǒuxùfèi。Yě jiù shì shuō， àn fāpiào jīn'é 9% de bǐlǜ shēnqǐng tuìshuì。

　　　　원래 세금 환급 상품의 환급세율은 11%입니다. 하지만 세금 환급 대행 기관이 2%의 수수료를 받아야 합니다. 영수증 금액의 9% 비율로 세금 환급을 신청하는 것입니다.

希　真：嗯，听懂了。感谢。

　　　　èn， tīng dǒng le。 Gǎnxiè。

　　　　네 알겠습니다. 감사합니다.

导购员：您们这次来是想要买什么呢？丝巾、扇子什么的您们可以在机场买，但是食品我建议您们在我们店里买。我们这儿的品种比较多，品质也非常好，包装也很漂亮，价格也实惠。

　　　　Nín men zhè cì lái shì xiǎng yào mǎi shénme ne？Sī jīn、shànzi shénme de nín men kěyǐ zài jīchǎng mǎi, dànshì shípǐn wǒ jiànyì nín men zài wǒ men diàn lǐ mǎi。Wǒ men zhèr de pǐnzhǒng bǐjiào duō， pǐnzhì yě fēicháng hǎo， bāozhuāng yě hěn piàoliang， jiàgé yě shíhuì。

　　　　이번에 무엇을 사려고 하나요? 스카프, 부채 같은건 공항에서 살 수 있어요. 하지만 식품은 저희 가게에서 살 것을 권합니다. 저희는 종류도 많고, 품질도 좋고, 포장도 예쁘고, 가격도 저렴합니다.

希　真：既然来了，我们就先看看吃的吧。很感谢您。

　　　　Jìrán lái le， wǒ men jiù xiān kànkan chī de ba。 Hěn gǎnxiè nín。

　　　　일단 왔으니 저희는 먼저 먹을 것부터 살펴보겠습니다. 정말 감사합니다.

导购员 : 别这么客气, 这些都是我们应该做的。

      Bié zhè me kèqi , zhè xiē dōu shì wǒ men yīnggāi zuò de 。

      사양하지 마세요. 이것들은 모두 저희가 해야 하는 것입니다.

民　浩 : 我们多买些本地的土特产吧, 给亲戚朋友们多尝尝。

      Wǒ men duō mǎi xiē běndì de tǔtèchǎn ba , gěi qīnqipéngyou men duō chángchang 。

      우리 이 고장 특산물을 많이 사서 친척과 친구들에게 많이 맛 보여주자.

希　真 : 行! 您好, 我们要买本地的土特产, 您能带我们去看吗?

      Xíng! nín hǎo , wǒ men yào mǎi běndì de tǔtèchǎn , nín néng dài wǒ men qù kàn ma ?

      좋아! 안녕하세요. 저희는 이곳의 토산품을 사려고 하는데 저희를 데리고 가서 보여주시겠어요?

导购员 : 请跟我来, 就在这儿, 这里都是, 请随便挑选。

      Qǐng gēn wǒ lái , jiù zài zhèr , zhèlǐ dōu shì , qǐng suíbiàn tiāoxuǎn 。

      저를 따라오세요. 바로 여기입니다. 여기에 다 있으니 마음대로 골라보세요.

民　浩 : 好的。请问这里有烟和酒卖吗?

      Hǎo de 。Qǐng wèn zhèlǐ yǒu yān hé jiǔ mài ma ?

      네. 여기서 담배와 술을 파나요?

导购员 : 不知道您想买什么烟酒呢?

      Bù zhīdào nín xiǎng mǎi shénme yān jiǔ ne ?

      어떤 술과 담배를 사기를 원하시나요?

民　浩 : 我们想都看看。

      Wǒ men xiǎng dōu kànkan 。

      모두 보기를 원해요.

导购员 : 我们店里不卖烟酒，但是负一楼有个烟酒专卖您们可以去看看。我建议您们如果想买好烟好酒比如中华、茅台什么的，可以到境外的免税店去买，更划算；如果想买普通一点的您就可以在商场里买，因为中国的烟酒产品不免税。

Wǒ men diàn lǐ bú mài yān jiǔ, dànshì fù yīlóu yǒu gè yān jiǔ zhuānmài nín men kěyǐ qù kànkan。Wǒ jiànyì nín men rúguǒ xiǎng mǎi hǎo yān hǎo jiǔ bǐrú ZhōngHuá、MáoTái shénme de，kěyǐ dào jìngwài de miǎnshuìdiàn qù mǎi，gèng huásuàn；Rúguǒ xiǎng mǎi pǔtōng yìdiǎn de nín jiù kěyǐ zài shāngchǎng lǐ mǎi，yīnwèi ZhōngGuó de yān jiǔ chǎnpǐn bù miǎnshuì。

저희 가게에서는 술과 담배를 팔지 않습니다만 1층에 있는 담배 전문 판매원이 있으니 가셔서 보세요. 저는 당신들이 좋은 담배와 좋은 술 중화, 마오타이주와 같은 것이라면 국외 면세점에서 살 수 있어요. 보통의 것을 사고 싶으면 여기 상점에서 사시면 됩니다. 왜냐하면 중국의 담배와 술 제품은 면세가 되지 않기 때문입니다.

希　真 : 原来是这样，非常感谢您，帮了我们大忙了，告诉了我们很多实用的消息。

Yuánlái shì zhèyàng，fēicháng gǎnxiè nín，bāng le wǒ men dà máng le，gàosu le wǒ men hěn duō shíyòng de xiāoxi。

이랬군요. 저희를 도와주시고, 실용적인 정보를 많이 알려 주셔서 정말 감사드립니다.

导购员 : 不客气，希望您们能在中国有个愉快的体验。

Bú kèqi，xīwàng nín men néng zài ZhōngGuó yǒu gè yúkuài de tǐyàn。

천만에요. 중국에서 즐거운 경험을 하셨으면 좋겠습니다.

希　真 : 这几样都来五包吧。

Zhè jǐ yàng dōu lái wǔ bāo ba。

이것들 몇 가지를 모두 다섯 봉지 주세요.

导购员 : 买这么多？

　　Mǎi zhème duō？

　　이렇게 많이 사세요?

希　真 : 您是个实在人，您卖的东西我放心，肯定错不了。

　　Nín shì gè shízàirén，　nín mài de dōngxi wǒ fàngxīn，　kěndìng cuò bù liǎo。

　　당신은 성실한 사람입니다. 당신이 파는 물건은 안심입니다. 반드시 틀릴 리 없습니다.

导购员 : 这些都很好吃的，都是我们的特色产品，相信您也会满意的。请跟我来结账吧。

　　Zhèxiē dōu hěn hǎo chī de，dōu shì wǒ men de tèsè chǎnpǐn，xiāngxìn nín yě huì mǎnyì de。Qǐng gēn wǒ lái jiézhàng ba。

　　이것들은 모두 매우 맛있고, 모두 우리의 특색 있는 제품들이므로 만족하실 것입니다. 저를 따라와 계산해 주세요.

民　浩 : 好的。可以刷信用卡吗？

　　Hǎo de。Kěyǐ shuā xìnyòngkǎ ma？

　　네. 카드 결제 가능한가요?

导购员 : 我们支持一切支付方法。微信、支付宝、信用卡都可以的。

　　Wǒ men zhīchí yíqiè zhīfù fāngfǎ。Wēixìn、Zhīfùbǎo、xìnyòngkǎ dōu kěyǐ de。

　　저희는 모든 지불 방법을 지지합니다. 위챗, 알리페이, 신용카드 모두 가능합니다.

民　浩 : 要不然我用支付宝支付吧，我还有好几张优惠券呢。您扫我还是我扫您？

　　Yàobùrán wǒ yòng zhīfùbǎo zhīfù ba，wǒ háiyǒu hǎo jǐ zhāng yōuhuìquàn ne。Nín sǎo wǒ hái shì wǒ sǎo nín？

아니면 제가 알리페이로 지불할게요. 할인권이 몇 장 남았어요. 스캔 하
시겠어요 아니면 제가 스캔 할까요?

导购员：我扫您。

Wǒ sǎo nín 。

제가 스캔할게요.

民　浩：谢谢了。再见。

Xièxie le 。Zài jiàn 。

감사합니다. 안녕히 계세요.

导购员：欢迎您下次光临！再见。

Huānyíng nín xiàcì guānglín！Zài jiàn。

다음 번에도 또 방문해주세요! 안녕히 가세요.

语法

1. 相当……：副词，表示程度高，但不到 "很" 的程度。

부사, 정도가 높음을 나타내지만 "很"의 정도에는 미치지 못한다.

例句：这个任务是相当艰巨的。

　　　这出戏演的相当成功。

　　　那事发生的时间已相当久远了。

2. 近一年了："接近" 的意思。 "接近"의 의미.

例句：近朱者赤，近墨者黑。

　　　两人年纪相近。

小李年近三十，可是看起来还像个大学生。

3. 怪不得......: 副词，表示明白了原因，对某种情况就不觉得奇怪。

부사, 원인이 밝혀져서 어떤 상황에 대해 더는 이상하게 생각하지 않음을 나타낸다.

例句：天气预报说今晚有雨，怪不得这么闷热。

　　　昨天2点才睡，怪不得你看着这么累。

　　　你这么会买东西，怪不得你存不到钱。

4. 其实......: 副词，表示所说的是实际情况。

부사, 말하는 것이 실제상황임을 나타낸다.

例句：这件事从表面上看好像很难，其实并不难。

　　　其实这件大衣才50元钱。

　　　其实就算他来了，也改变不了结果。

5. 一会儿......: 数量词，指在很短的时间之内。

수량사, 매우 짧은 시간 안임을 가리킨다.

例句：一会儿厂里还要开会。

　　　你妈妈一会儿就回来了。

　　　一会儿地上就积起了三四寸的雪。

6. 既然来了，我们就先看看吃的吧 : 表示因果关系的关联词。

인과 관계의 연결어를 나타낸다.

例句：你既然来了，就好好玩几天吧。

你既然答应他了，就要说话算数。

既然他已经知道错了，就原谅他吧。

7. 要不然……：连词，"要不、不然、否则"的意思。

접속사，"要不、不然、否则"의 의미.

例句：从上海到武汉，可以搭长江轮船，要不然绕道坐火车也可以。

幸亏小王悬崖勒马，要不然已经进监狱了。

多亏你有先见之明，要不然去他家找，肯定是白跑一趟。

练习

1. 选择合适的词语填空。

特产 专卖店 连续 环境 标志 托运 复杂 协助 详细 实用

（1）我一般都去_____买东西。

（2）这里的_____看起来非常好。

（3）这个问题有点_____，我想好再回答你。

（4）请你把_____的资料发给我。

（5）_____下了好多天的雨了，真烦人。

（6）请您_____我们完成工作。

（7）中国有很多的_____。

（8）坐飞机时，大件的行李要进行_____。

（9）这个包的_____在包里面的小口袋里。

（10）这种冲锋衣很_____。

2. 使用本课学过的语法完成句子。

(1) 这次郊游,妈妈让我带了_____多的食物。

(2) 他_____就把椅子修好了。

(3) 这孩子笨头笨脑的,_____成绩不好。

(4) 小金一定很伤心,_____她就不会流眼泪了。

(5) 他开车_____安全。

(6) 大家都以为这是鲜花,_____这是塑料做的。

(7) 她有着_____5年的工作经验。

(8) _____你不想吃饭,_____喝点汤吧。

(9) 我怀疑他生病了,_____他不会不来的。

(10) 这家店开了_____十年了。

免税店小知识
면세점의 작은 지식

免税运进专供其免税店向规定的对象销售、供应的进口商品。免税店经营的免税品品种，应由经营单位统一报经海关总署批准。免税店销售的免税进口烟草制品和酒精饮料内、外包装的显著位置上均加印"中国关税未付"（China Duty Not Paid）中、英文字样。

면세 반입은 면세점에서 정해진 대상에 판매, 공급되는 수입품만을 전문으로 한다. 면세점에서 취급하는 면세품 품목은 경영단위가 세관본부에 일괄하여 승인하여야 한다. 면세점에서 판매되는 면세 수입 담배제품과 알코올 음료 내, 외 포장에 현저한 위치에 "중국 관세 미불(China Duty Not Paid)"이라는 문구가 중국어, 영어로 인쇄되어있다.

每个国家的免税店购物方式都不太一样，比如在韩国免税店购物，就要提供护照和回程机票，买完东西如果是韩国品牌可以带走，如果是外国品牌则不能带走，要在回程时在机场提货，有金额限制。在日本就可以出示护照和机票直接购买免税品。香港免税店实际是假的，因为香港本身就是自由港，没有关税，所以不需要任何手续。在欧洲任何店都可以购买商品，然后凭发票到机场退税。美国只有国际机场有免税店，买完后在登机口领取。

매 국가의 면세점에서 물건을 살 때는 방식이 모두 다르다. 예를 들어 한국 면세점에서 구매하면 여권과 돌아오는 항공권을 주고, 물건을 사면 한국 브랜드면 가져갈 수 있고, 외국 브랜드라면 가져가지 않고, 돌아올 때 공항에서 물건을 인도 받아야하며 금액의 제한이 있다. 일본에서 비행기 표와 여권을 제시하면 면세품을 구매할 수 있다. 홍콩 면세점은 실제 가짜이고, 홍콩 자체가 자유항이며 관세가 없기 때문에 아무런 수속도 필요 없다. 유럽 어느 가게에서나 상품을 구매할 수 있고, 영수증에 의지하여 공항에서 세금을 환급 받을 수 있다. 미국은 국제공항에만 면세점이 있고, 사고 탑승구에서 수령한다.

据媒体报道，中国免税品(集团)有限责任公司位于三亚市的海南海棠湾国际购物中心将于2014年9月1日试营业。海棠湾国际购物中心总投资超过50亿元，总建筑面积12万多平方米，营业面积约7万平方米，其中免税区域面积达4.5万平方米，是全球最大的单体免税店。

매체에 따르면 중국 면세품(그룹) 유한책임회사 싼야시에 위치한 하이난 하이탕 국제쇼핑몰이 2014년 9월 1일 시범 운영된다. 하이탕 국제쇼핑몰은 총 50억 위안이 넘게 투자를 했다. 총 건축면적 12만여㎡, 영업면적 약 7만㎡ 이다. 이 중 면세구역 면적은 4만5㎡로 세계 최대의 단독 면세점이다.

经国务院批准，决定自2016年2月18日起，增设和恢复口岸进境免税店，合理扩大免税品种，增加一定数量的免税购物额。

국무원의 승인으로 2016년 2월 18일부터 항구입국 면세점을 증설하고, 회복시키고, 면세 품목을 합리적으로 확대하고, 면세 구매액 수량을 늘리기로 결정했다.

具体来看，此次将在广州白云、杭州萧山、成都双流、青岛流亭、南京禄口、深圳宝安、昆明长水、重庆江北、天津滨海、大连周水子、沈阳桃仙、西安咸阳和乌鲁木齐地窝堡等机场口岸，深圳福田、皇岗、沙头角、文锦渡口岸，珠海闸口口岸，黑河口岸等水陆口岸各设1家口岸进境免税店。

구체적으로는 광저우 바이윈구, 항저우 샤오산구, 청도 쑹류현, 칭다오 류팅, 난징 루커우, 선전 바오안, 쿤밍 창슈이, 충칭 장베이, 톈진 빈하이현, 다롄 저우수이쯔, 선양 타오셴, 시안 셴양시 우루무치 디워바우 등 공항 항구, 선전 푸톈, 황강, 샤토우지아, 웬진두 항구, 주하이 수문구 항구, 헤이허 항구 등 수륙 항구 항구입국 면세점을 각각 1개씩 설치한다.

2019年5月17日，中国财政部、商务部、文化和旅游部、海关总署、国家税务总局印发《口岸出境免税店管理暂行办法》，规范管理口岸出境免税店。

2019년 5월 17일 중국 재정부, 상무부, 문화와 관광부, 세관본부, 국가세무총국은 "항구 출국 면세점 관리 잠정 방안"을 발행하여 항구 출국 면세점을 관리한다.